BALISES

Collection dir…

Savantes

Molière

résumé
analytique

commentaire
critique

documents
complémentaires

Michel Pougeoise

La vie de Molière

La vie de Molière, en fait mal connue à l'exception de quelques points de repère officiels, a donné lieu à tant d'interprétations au cours des siècles qu'il devient difficile de s'en faire une idée objective.

On a voulu trop souvent réduire l'homme à son œuvre, ce qui a abouti à l'image d'un Molière triste, mélancolique, hypocondre, trahi et jaloux, parfois endetté, persécuté, souvent malade et héroïque. Tous ces aspects reposent en partie sur des vérités mais ils sont parcellaires et incomplets et participent bien plus des légendes multiples qui entourèrent l'existence de ce grand comédien silencieux que de la personnalité réelle de Molière qui aimait passionnément la vie et son métier et qui n'a guère eu à se plaindre de son sort. Molière fut aussi un acteur célèbre, même à ses débuts, reconnu de son temps comme le plus grand auteur comique, encensé par le roi, aimé de son public et de sa troupe, approuvé par des censeurs rigoureux comme Boileau, estimé de ses amis écrivains. Au succès de l'acteur s'ajouta dans les quinze dernières années de son existence la célébrité de l'auteur dramatique qui composa des chefs-d'œuvre. Certes, Molière connut des déboires comme tous les hommes en vue (familiaux, conjugaux, financiers, ennuis de santé, et surtout calomnie des envieux). Enfin la dernière année de sa vie, il fut abandonné par le roi... Mais Molière mourut riche et célèbre. Il est parfois nécessaire de redresser les fausses images léguées par la tradition qui s'appuie souvent sur des légendes. Cela dit, quelques certitudes demeurent.

L'ENFANCE ET L'ADOLESCENCE

Jean-Baptiste Poquelin naît en 1622 dans une riche famille bourgeoise de marchands tapissiers apparentée aux célèbres musiciens Mazuel. Son père acquiert une certaine notoriété grâce à la charge de tapissier-valet de chambre du roi (privilège obtenu en 1631). Molière perd sa mère à l'âge de dix ans. Il effectue de sérieuses études chez les Jésuites du collège de Clermont (actuel lycée Louis-le-Grand) où il côtoie des enfants de l'aristocratie et de la noblesse comme le prince de Conti. Puis il couronne ses études (ses « humanités ») par la philosophie et suit vraisemblablement des cours de droit (1641-1642). Il aurait connu le grand philosophe Gassendi (mais ce n'est pas prouvé) et ses amis sont alors Chapelle et peut-être Cyrano de Bergerac.

La légende veut qu'il ait pris le goût du théâtre grâce à son grand-père Cressé qui le menait à l'Hôtel de Bourgogne. Molière raffolait aussi, paraît-il, des farceurs du Pont-Neuf et des comédiens italiens.

NAISSANCE D'UNE VOCATION

En 1643, soit à l'âge de vingt et un ans, Jean-Baptise décide de devenir comédien. Il fonde alors avec sa maîtresse, la belle Madeleine Béjart, l'Illustre Théâtre (30 juin 1643) et prend le pseudonyme de Molière. Après un bref succès (le théâtre du Marais brûle en janvier 1644), les ennuis financiers s'accumulent et Molière est emprisonné pour dettes. La troupe est dissoute en août 1645.

COMÉDIEN AMBULANT DURANT TREIZE ANS

Après cet échec, Molière ne renonce pas. Il parcourt la France avec les Béjart et tout d'abord l'Ouest et le Languedoc, sous la protection du duc d'Épernon puis du prince de Conti. Molière n'est pas aussi malheureux qu'on l'a dit. Son ami d'Assoucy témoignera qu'il mène une « vie de Cocagne ». La troupe de Molière joue surtout des farces à l'italienne. Mais déjà apparaissent les premières œuvres personnelles : *L'Étourdi* (joué à Lyon en 1655) et *Le Dépit amoureux* (Béziers 1656).

En 1658, Molière et sa troupe séjournent cinq mois à Rouen où réside Pierre Corneille (dont ils joueront quelques tragédies) mais l'entente n'est pas parfaite. Molière et Madeleine préparent le grand retour à Paris.

PARIS ET LA NOTORIÉTÉ

Molière revient définitivement à Paris en octobre 1658 grâce à la protection de Monsieur, frère unique du roi. C'est le début de la notoriété. Il partage la magnifique salle du Petit-Bourbon (près du Louvre) avec les comédiens-italiens. La troupe de Monsieur y jouera notamment *Les Précieuses ridicules* (1659) et cette comédie de mœurs attirera l'attention du tout-Paris mondain. En 1661, Molière et sa troupe s'installent « à vie » au théâtre du Palais-Royal. Molière renonce définitivement à la tragédie pour s'adonner à la comédie avec *Sganarelle* (1660), *L'École des maris* (1661) et *Les Fâcheux* (1661) qui inaugurent un nouveau genre appelé à connaître un très grand succès : la comédie-ballet. Molière fait un triomphe et devient l'auteur à la mode.

LES LUTTES

Ces succès suscitent l'hostilité des écrivains rivaux (Racine notamment). Molière écrit de plus en plus et combat pour défendre ses pièces qui « dérangent » les conformismes religieux et moraux : *L'École des femmes* (1662) déclenche une querelle à laquelle Molière répond par *La Critique de l'École des femmes* et *L'Impromptu de Versailles* (1663). *Tartuffe* fait scandale et est interdit dès sa création en 1664. Il ne sera repris qu'en 1669. *Dom Juan* (1665) provoquera encore la cabale dévote et sera peu joué (cinq semaines).

MOLIÈRE AU SERVICE DU ROI

La période 1662-1669 est particulièrement faste pour Molière qui épouse la jeune Armande Béjart (fille ou sœur de Madeleine?) en 1662 et qui bénéficie plus que jamais de la puissante protection du roi ainsi que de celles de Monsieur, de Madame et de Condé. Molière, en retour, sait plaire à Louis XIV en écrivant et en interprétant de nombreuses comédies-ballets et autres pièces à grand spectacle dont la Cour raffole : *Le Mariage forcé* (1664), *La Princesse d'Élide* (comédie galante, 1664), *L'Amour médecin* (1665), *Mélicerte* (1666), *Le Sicilien* (1667), *Georges Dandin* (1668), *Les Amants magnifiques* (1670), *La Comtesse d'Escarbagnas* (1671) et la tragédie-ballet qui aura un succès considérable, *Psyché* (1671).

MOLIÈRE TEL QU'EN LUI-MÊME...

Mais Molière, las parfois de fournir au roi des spectacles de commande écrits à la hâte et ne correspondant pas toujours à son génie, occupe les brèves années qui lui restent à vivre à écrire ses véritables chefs-d'œuvre. Il nous léguera des genres variés : une farce avec *Les Fourberies de Scapin* (1671) ; des peintures de caractère : *Le Misanthrope* (1666), *L'Avare* (1668) ; des satires de mœurs : *Les Femmes savantes* (1672) ; et sa dernière pièce à grand spectacle que le roi devenu dévot ne daignera pas voir : *Le Malade imaginaire* (1673).

Abandonné par son royal protecteur et par son ami Lulli, éprouvé par la mort de Madeleine (1672), miné par la « mélancolie » et par son affection pulmonaire, Molière célèbre, riche mais épuisé, meurt le 17 février 1673 vers dix heures du soir.

VIE ET ŒUVRE DE MOLIÈRE	ÉVÉNEMENTS POLITIQUES, SOCIAUX ET CULTURELS
	1617 Début du règne personnel de Louis XIII.
	1618 Début de la guerre de Trente Ans.
	1621 Naissance de La Fontaine.
1622 Naissance de Jean-Baptiste Poquelin, fils de Jean Poquelin et de Marie Cressé.	1622 Paix de Montpellier avec les protestants. Richelieu nommé cardinal.
	1623 Naissance de Blaise Pascal.
	1624 Richelieu entre au Conseil du Roi.
	1627 Naissance de Bossuet.
	1628 → **1629** Siège de La Rochelle. Édit de grâce d'Alès.
1631 Son père obtient la charge de valet de chambre ordinaire et tapissier du roi.	1631 Th. Renaudot fonde *La Gazette*.
1632 Mort de sa mère.	
	1633 Naissance de Lulli.
	1634 Corneille, *Mélicerte*.
1635 Entre au collège de Clermont pour y faire ses « humanités ».	1635 Fondation de l'Académie française. La France entre en guerre avec l'Espagne.
	1636 Naissance de Boileau.
	1637 Corneille, *Le Cid*. Descartes, *Le Discours de la méthode*.
	1638 Naissance de Louis, futur Louis XIV.
	1639 Naissance de Jean Racine.
1640 Rencontre avec la famille Béjart. Études de droit (à Orléans ?).	1640 Scaramouche arrive à Paris.
1641 Quitte le collège de Clermont. Contacts probables avec le philosophe Gassendi.	

VIE ET ŒUVRE DE MOLIÈRE	ÉVÉNEMENTS POLITIQUES, SOCIAUX ET CULTURELS
1642 Liaison avec Madeleine Béjart. Naissance d'Armande Béjart.	1642 Mort de Richelieu. Révolution en Angleterre. Corneille, *Polyeucte*.
1643 Fondation de l'Illustre Théâtre.	1643 Mazarin devient cardinal et ministre jusqu'en 1661. Mort de Louis XIII. Avènement de Louis XIV (à 5 ans). Régence d'Anne d'Autriche. Condé remporte la victoire de Rocroi.
1644 Jean-Baptiste Poquelin adopte le nom de Molière.	1644 Ouverture du Congrès de Westphalie.
1645 Molière est emprisonné pour dettes.	1645 Naissance de La Bruyère.
1646 Se joint à la troupe de Du Fresne. Protection du duc d'Épernon.	
	1648 Début de la Fronde. Fin de la guerre de Trente Ans. Traité de Westphalie.
1650 Molière devient chef de la troupe.	1650 Mort de Descartes à Stockholm. Ph. de Champaigne peint mère Angélique Arnaud.
1651 La troupe de Molière joue en Languedoc et en Provence.	1651 Corneille, *Nicomède.* Condé s'allie aux Espagnols.
1652 Molière joue à Lyon, Grenoble.	
1653 Protection du prince de Conti. La troupe joue à Montpellier et à Pézenas.	1653 Fin de la Fronde. Fouquet, surintendant des Finances. Cromwell devient Lord Protector.
1655 *L'Étourdi* joué à Lyon.	
1656 *Le Dépit amoureux* joué à Béziers.	
1657 Fin de la protection de Conti.	
1658 La troupe de Molière séjourne à Rouen (printemps → août). Protection de Monsieur, frère du roi. Molière s'installe à Paris au Petit-Bourbon (avec les comédiens-italiens).	1658 Victoire de Turenne sur les Espagnols. Mort de Cromwell.

VIE ET ŒUVRE DE MOLIÈRE	ÉVÉNEMENTS POLITIQUES, SOCIAUX ET CULTURELS
1659 *Les Précieuses ridicules* (18 nov.) : grand succès. Départ des comédiens-italiens.	1659 Paix des Pyrénées avec l'Espagne.
1660 *Sganarelle ou le Cocu imaginaire*. Molière s'installe dans la salle du Palais-Royal.	1660 Mariage de Louis XIV avec Marie-Thérèse d'Espagne. Retour de Charles II à Londres. Condamnation du jansénisme. On brûle *Les Provinciales*.
1661 *Dom Garcie de Navarre* (échec). *L'École des maris* (juin). *Les Fâcheux* (août).	1661 Début du règne personnel de Louis XIV. Disgrâce de Fouquet. Mort de Mazarin. Début des travaux à Versailles (Le Vau).
1662 Mariage de Molière avec Armande Béjart. *L'École des femmes*.	1662 Mort de Pascal. Colbert ministre. La Rochefoucauld, *Mémoires*.
1663 *La Critique de l'École des femmes*. *L'Impromptu de Versailles*.	
1664 *Le Mariage forcé*. *La Princesse d'Élide*. *Tartuffe* (conflit avec la compagnie du Saint-Sacrement) et interdiction. Naissance de Louis (en janvier) : le roi est parrain du fils de Molière. Louis meurt en novembre.	1664 Dispersion des religieuses de Port-Royal. Condamnation de Fouquet. Début du premier Versailles. La Fontaine, *Nouvelles en vers*. Racine, *La Thébaïde* (1re pièce).
1665 *Dom Juan* (polémiques : non repris après Pâques). *L'Amour médecin*. Maladie de Molière (relâche). La troupe devient « Troupe du Roi ». Naissance de la fille de Molière : Esprit-Madeleine, seule héritière (elle vivra jusqu'en 1723).	1665 Colbert, contrôleur général des Finances. Mort de Philippe IV d'Espagne. Bossuet prêche devant la Cour. La Rochefoucauld, *Maximes*.
1666 *Le Misanthrope*. *Le Médecin malgré lui*.	1666 Mort d'Anne d'Autriche. Incendie de Londres. Guerre franco-anglaise. Boileau, *Satires II à IV*.
1667 *La Pastorale comique*. *Le Sicilien*. Relâche : Molière malade (?).	

VIE ET ŒUVRE DE MOLIÈRE	ÉVÉNEMENTS POLITIQUES, SOCIAUX ET CULTURELS
1668 *Amphitryon.* *George Dandin.* *L'Avare.*	1668 Paix d'Aix-la-Chapelle. La Fontaine, *Fables*.
1669 Mort du père de Molière. *Monsieur de Pourceaugnac.* *Tartuffe* est autorisé.	1669 Colbert, secrétaire d'État à la Maison du Roi. Mort de Rembrandt. Bossuet, *Oraison funèbre à Henriette de France*.
1670 *Les Amants magnifiques.* *Le Bourgeois gentilhomme.*	1670 Début de la *Correspondance* de Mme de Sévigné avec sa fille. Racine, *Bérénice*.
1671 *Psyché.* *Les Fourberies de Scapin.* *La Comtesse d'Escarbagnas.*	
1672 *Les Femmes savantes.* Mort de Madeleine Béjart (17 février). Rupture avec Lulli. Naissance et mort de Pierre, fils de Molière (1-11 oct.).	1672 Guerre franco-hollandaise. Racine, *Bajazet*. Corneille, *Pulchérie*.
1673 *Le Malade imaginaire.* Mort de Molière (17 février).	

L'œuvre théâtrale

LE PREMIER FARCEUR DE FRANCE

Si l'on suit l'évolution de la carrière de Molière, force est de constater que les premières comédies données à Paris par l'Illustre Théâtre, puis en province, sont essentiellement des farces. Ainsi *La Jalousie du barbouillé* et *Le Médecin volant* (pièces retrouvées en 1731 par le poète Jean-Baptiste Rousseau et publiées en 1819 par Viollet-le-Duc) sont des «pochades» reproduisant les canevas de la farce française médiévale traditionnelle. Lorsqu'il retrouve Paris en 1658, Molière reprend une coutume qui avait été abandonnée depuis longtemps par les comédiens de l'Hôtel de Bourgogne. On donnait successivement un prologue suivi d'une grande pièce (du répertoire classique) puis une farce et l'on terminait par une chanson. Le 24 octobre 1658, Molière joue, pour la première fois devant le roi, *Nicomède*; puis il ose donner «un de ces petits divertissements qui lui avaient acquis quelque réputation et dont il régalait les provinces»: *Le Docteur amoureux*. Bien lui en prit d'ailleurs puisque c'est grâce à cette « petite comédie» qu'il conquit la sympathie et le soutien du roi.

Le spécialiste de Molière, Georges Couton, nous dit que «ce succès a gêné Molière lui-même, qui estimait avoir bien d'autres cordes à son arc et tendait à la grande comédie». Mais nous ferons remarquer que jamais Molière n'a renoncé à la farce qu'il ne considérait pas comme un genre mineur. *Les Précieuses ridicules* – sa première œuvre vraiment personnelle – est une farce et la comédie *Les Fourberies de Scapin* produite en 1671, soit deux ans avant sa mort, n'est-elle pas aussi une farce (adaptée du *Phormio* de Térence) avec le stupéfiant jeu de Scapin et tous les ingrédients d'usage: coups de bâton, outrances de langage, poursuites, grimaces, gesticulations, accoutrements, déguisements, quiproquos, équivoques, parodies des langages, jeu verbal, rebondissements et renversements de situation?

Molière ne voulut jamais faire deux parts dans la comédie et, comme l'écrit si justement Georges Forestier: «Il n'y a pas à ses yeux un comique "haut" et un comique "bas": toutes les formes de comique existantes ont également droit de cité dans son théâtre. Et la force de son comique vient de ce qu'il est capable de mêler dans une même œuvre toutes ces formes, qu'il sait les multiplier jusqu'à l'étourdissement, ou au contraire les ralentir pour en faire attendre et savourer les effets» (*Molière en toutes lettres*, Bordas).

Dans un célèbre tableau naïf représentant «les farceurs français et italiens depuis 60 ans et plus en 1670», Molière figure en bonne place (avec le costume d'Arnolphe) parmi les bouffons de l'Hôtel de Bourgogne (Turlupin, Gros-Guillaume, Gaultier-Garguille et Guillot-Gorju), aux côtés de Jodelet du Théâtre du Marais, au milieu des Italiens (Arlequin, Pantalon, le Docteur, Matamore, Scaramouche, Brighella, Tirelin). Ce tableau témoigne du renouveau de la farce en France entre 1660 et 1670. Et l'on sait que Molière consacré par ses contemporains «premier farceur de France» a beaucoup contribué à cette réhabilitation qui ne fut pas toujours du goût des précieux, des mondains, des doctes ni même des rigoureux censeurs. Molière n'a jamais caché son admiration pour « son maître» Scaramouche, premier grand mime d'une souplesse extraordinaire (il pouvait se gifler avec son pied!) qui était capable de secouer le public de fous rires inextinguibles. «Scaramouche ne parle pas et dit de grandes choses», écrivait Pascal. Or le jeu corporel de Molière était également légendaire. Il abandonna le masque de Mascarille pour les mouvements du corps, les grimaces, les courses endiablées, les acrobaties d'un Sganarelle ou d'un Scapin.

Molière est un homme de synthèse: il a compris tout le parti qu'il pouvait tirer de l'association des jeux et des styles si différents des farceurs français et des farceurs italiens et parfois aussi des burlesques espagnols. Aussi Boileau (trop soucieux du respect des convenances) n'a-t-il rien compris au génie molièresque lorsqu'il nous livra ce jugement erroné:

> «Peut-être de son art [Molière] eût remporté le prix
> Si, moins ami du peuple, en ses doctes peintures
> Il n'eût point fait souvent grimacer ses figures.»

LE PRÉCURSEUR DE LA COMÉDIE MUSICALE

Molière n'oubliera jamais l'honneur que lui avait fait le roi le 14 août 1665 en baptisant sa troupe «Troupe du Roi». Par gratitude, il se devait d'assurer au mieux les «divertissements royaux», ce dont il s'acquitta à merveille en créant la comédie-ballet. L'idée de génie de Molière fut d'inventer une nouvelle forme révolutionnaire de spectacle total qui associait le dialogue dramatique, la danse, la poésie, la peinture, la musique et le chant, le tout avec grands effets de machine. En réalité, cette idée de la comédie-ballet remonte à 1661. Lulli a tout de suite compris l'intérêt de cette forme nouvelle de spectacle, fort prisée du public et qui devait aboutir à l'opéra. D'ailleurs il s'empressa de gagner le roi à sa cause et éclipsa sans élégance son ancien ami pour devenir « Directeur de l'Opéra ».

En attendant, Molière nous donna un théâtre hédoniste dont les plus beaux fleurons furent *Les Fâcheux* (1661), *Le Mariage forcé* (1664), *Monsieur de Pourceaugnac* (1669), sans oublier *Le Bourgeois gentilhomme* (1670) et *Le Malade imaginaire* (1673). À côté de la comédie-ballet, Molière produisit aussi de belles pièces romanesques et galantes dont l'écriture poétique, parfois féerique et toujours délicate, annonce déjà le marivaudage. C'est le cas de pièces comme *La Princesse d'Élide* (1664) *La Pastorale comique* (1666), *Mélicerte* (1666), *Les Amants magnifiques* (1670), *Psyché* (1671) et surtout *Amphitryon* (1668), comédie très profonde, à la fois poétique et réaliste, mythologique et d'actualité, qui occupe une place bien à part dans l'œuvre de Molière.

LA GRANDE COMÉDIE

Enfin, il faut parler du plus grand théâtre de Molière et des chefs-œuvre qui lui valurent l'immortalité parce qu'ils se situent bien au-delà du rire bouffon et du divertissement royal en révélant les vérités humaines éternelles à partir du spectacle de la grande comédie du Monde. Molière rejoint par là les plus grands: les philosophes, les moralistes, les sages, en considérant que le Monde n'est qu'un vaste théâtre où s'agitent des pantins en proie à leurs ridicules passions. L'homme lui-même n'est qu'un acteur qui joue son rôle « en aveugle ». Molière s'efforce de dévoiler l'« illusion comique » (selon la juste expression de Corneille), de révéler l'hypocrisie et toutes les autres « impostures », qu'elles soient d'ordre religieux, moral, social... Le théâtre comique a valeur de catharsis et d'antidote. Il est donc utile à l'humanité. Molière jongle avec toutes les formes théâtrales: la comédie d'intrigue, de mœurs, de caractère. Tout lui est bon – et surtout le rire libérateur – pour parvenir à ses fins. Ce souci de vérité et de « purification » nous vaudra *L'École des femmes* (1662), *Tartuffe* (1664), *Dom Juan* (1665), *Le Misanthrope* (1666), *L'Avare* (1668), *Les Femmes savantes* (1672).

Et La Fontaine pourra à juste titre déclarer, dans son émouvante épitaphe consacrée à son ami, que nous avons perdu avec Molière, «pour longtemps en apparence», à la fois Plaute et Térence, c'est-à-dire l'essence même de tout le théâtre comique.

Sommaire des *Femmes savantes*

L'acte I est, comme le veut la tradition, réservé à l'exposition. Il met essentiellement l'accent sur **la rivalité entre les deux sœurs Armande et Henriette** qui se querellent (scène 1) à propos de leurs conceptions opposées du mariage. Armande soutient la thèse des précieuses (comme Cathos et Magdelon) en prétendant que le mariage n'est qu'un « bas amusement » réservé « aux gens grossiers », aux « personnes vulgaires ». Il faut lui préférer les choses de l'esprit, « l'amour de l'étude » et tout particulièrement la philosophie. Henriette pour sa part trouve bien des « appas » à un « nœud bien assorti » et borne son ambition à souhaiter « un homme qui vous aime et soit aimé de vous ». Cependant, un autre motif de rivalité apparaît : Armande, par sa « froideur », a rebuté Clitandre qui l'aimait. Ce dernier lui a préféré la douce Henriette. Armande conçoit donc, sans vouloir l'avouer, une certaine jalousie envers sa sœur : « C'est un dessein qui serait malhonnête / Que de vouloir d'une autre enlever la conquête » (I, 1).

L'acte II met en relief le personnage de **Philaminte qui révèle son caractère tyrannique** en renvoyant sa servante Martine sous prétexte qu'elle s'exprime en mauvais français :

> « Elle a, d'une insolence à nulle autre pareille,
> Après trente leçons, insulté mon oreille
> Par l'impropriété d'un mot sauvage et bas,
> Qu'en termes décisifs condamne Vaugelas. » (sc. 6)

Puis elle s'oppose au projet de mariage entre Henriette et Clitandre en annonçant à Chrysale, qui n'ose la contrarier, sa décision de faire épouser Trissotin à Henriette (sc. 8). Chrysale sollicite l'aide de son frère Ariste (sc. 9).

L'acte III est tout entier consacré à **la satire de la société précieuse et de la prétention des femmes à devenir « savantes »**. Trissotin est le point de mire des trois pédantes (Philaminte, Bélise et Armande) qui se pâment devant ses mauvais poèmes (sc. 2). Ce faux bel-esprit achève de se ridiculiser en se querellant bassement avec son confrère Vadius auquel il reproche de ne point admirer ses œuvres et de plagier les auteurs anciens (sc. 3).

Philaminte déclare à Henriette qu'elle devra épouser Trissotin (sc. 4). Armande s'en réjouit (sc. 5). Chrysale tente de s'opposer à ce projet (sc. 6).

L'acte IV noue l'action. Clitandre se défend des calomnies dont Armande l'accable (sc. 2) et s'en prend à la pédanterie de Trissotin et de ses confrères en recommandant le bon goût qui règne à la Cour (sc. 3). Sans tenir compte de l'avertissement de Vadius qui dénonce la cupidité de Trissotin (sc. 4), **Philaminte**, encouragée par la vindicative Armande (sc. 1 et 4), **décide de passer à l'action** en convoquant sur-le-champ un notaire afin qu'il procède le soir même au mariage de Trissotin et d'Henriette (sc. 4). Chrysale, de son côté, prend les dispositions inverses mais il y a lieu de redouter sa faiblesse (sc. 5).

L'acte V est naturellement consacré au dénouement qui sera amené par un coup de théâtre. Après l'échec de la démarche d'Henriette auprès de Trissotin (sc. 1) et les bravades de Chrysale secondé par Martine (sc. 2), Philaminte s'apprête à triompher (sc. 3), mais grâce à un subterfuge (fausse annonce de la ruine de la famille), Ariste révèle la perfidie de Trissotin qui se désiste. Philaminte, enfin convaincue, fait volte-face et accorde la main d'Henriette à Clitandre (sc. 4).

Les personnages

Chrysale: «bon bourgeois» aisé, d'une cinquantaine d'années, chef de famille sans autorité, entièrement dominé par son épouse. Sa bonté et sa générosité naturelles confinent souvent à la faiblesse et même à la lâcheté. Il fuit toutes responsabilités. Il a «l'esprit pot au feu» et se montre égoïste, cherchant avant tout à préserver sa tranquillité personnelle et son confort. Molière s'est réservé ce rôle.

Philaminte: femme de Chrysale. Elle est le modèle même de la «femme savante». Elle affiche un orgueil démesuré et un pédantisme «écrasant».

Cette maîtresse femme «aux allures de colonel de dragon» (P. Brisson) joint à une arrogance naturelle et à un autoritarisme tyrannique une ambition monstrueuse qui vise bien plus loin que la simple gloire littéraire. Elle croit sincèrement posséder le savoir universel. De plus, elle affiche un mépris souverain envers les hommes qu'elle veut asservir.

Armande: fille de Chrysale et de Philaminte, elle joue à la précieuse hautaine et pédante. Elle a repoussé avec mépris les avances de Clitandre en invoquant l'idéal de l'amour platonique; mais en fait, elle se ronge de dépit. C'est, selon le mot de Ninon, une «janséniste de l'amour» doublée d'une « apprentie vieille fille» (P. Brisson) qui se complaît (ou se réfugie) dans son rôle de «savante». Elle prétend imiter sa mère Philaminte.

Certains critiques persistent à voir en elle une malheureuse et pathétique victime, une sorte d'héroïne de tragédie, solitaire incomprise et bafouée par Clitandre et Henriette.

Henriette: sœur d'Armande. Jeune fille séduisante dans son rôle de jeune première. Elle aime profondément Clitandre et se bat avec courage et intelligence contre tous les obstacles qui s'opposent à son mariage. Elle sait aussi – quand il le faut – user de ruse, d'adresse et même d'ironie pour défendre son idéal.

On a voulu parfois, à tort, voir en elle une méchante persécutrice de sa sœur Armande et une «petite-bourgeoise» cynique. En fait, c'est l'un des personnages les plus actifs et les plus sympathiques de la pièce. Son rôle fut interprété par Armande Béjart.

Ariste: frère de Chrysale. Il représente le type classique de « l'honnête homme » accompli. Il a pour rôle essentiel d'aider son frère à lutter contre la tyrannie de Philaminte. Patiemment, courageusement, il lui fait prendre conscience de sa lâcheté et l'aide à prendre de bonnes résolutions. Cette « ombre discrète dans le pays des sages » (P. Brisson) sera le plus précieux soutien du couple d'amoureux qu'il aidera, par la ruse, à sortir des griffes de Trissotin. Le jeune Baron, âgé alors de dix-neuf ans, interprétera ce rôle.

Bélise: sœur de Chrysale, elle apparaît comme une pauvre et ridicule réplique de Philaminte qu'elle imite comme un perroquet. En proie à une douce folie qui ne cesse de croître, elle se prend, malgré son âge avancé, pour une séductrice. Sa suffisance n'a d'égale que sa bêtise.

Clitandre: amant d'Henriette après avoir essuyé le mépris d'Armande, c'est un jeune premier rempli de qualités: droiture, sincérité et franchise. Son bon sens et sa probité nous plaisent. Ses conceptions sont saines: « Je consens qu'une femme ait des clartés de tout. » Sa générosité fait oublier (aux yeux de Chrysale) sa modeste fortune. Il reste qu'il se montre parfois naïf, un peu gaffeur et d'une intelligence limitée. Cependant, il ne craint pas d'affronter Philaminte et sait se montrer efficace. La Grange interprétera son rôle.

Trissotin: est présenté comme un « bel esprit » avec toute l'ironie que Molière met dans ce qualificatif. « Trissotin », le « trois fois sot », est le type même du vieil académicien vaniteux, fat et acerbe envers ses confrères. C'est aussi un pédant mondain maniéré. Quoique moins scélérat que Tartuffe, il est comme lui hypocrite et sensuel. On sait que, sous ce masque, Molière s'est vengé des attaques sournoises et cyniques de l'abbé Cotin, mondain membre de l'Académie française.

Vadius: « le savant », autrement dit Ménage, était dans la vie le rival et l'ennemi de Cotin. Molière voulut ridiculiser leurs nombreuses et retentissantes querelles de pédants. Cela dit, il n'avait pas de griefs personnels contre Ménage, qui était véritablement un érudit. Mais le maniérisme mondain des savants présomptueux l'agaçait prodigieusement.

Martine: « servante de cuisine ». Rôle interprété par Mlle Beauval (la Nicole du *Bourgeois gentilhomme*). Elle incarne le bon sens populaire et sert de cobaye aux femmes savantes qui vérifient sur elle leurs théories grammaticales. Son patois, ses aphorismes nous font rire et la façon dont elle est traitée lui vaut notre indulgence et notre sympathie.

Résumés et commentaires

ACTE I, SCÈNE 1

RÉSUMÉ

Armande et Henriette se querellent à propos de la question du mariage. Armande reproche à sa sœur le dessein qu'elle a de se marier.

À ses yeux le mariage ne satisfait que les plus bas instincts et notamment le goût pour les plaisirs des sens qu'elle qualifie d'« appétit grossier ».

De plus, le mariage est un asservissement. Il rabaisse la femme au niveau de l'animal (« aux bêtes nous ravale ») et la maintient dans les soucis mesquins des tâches ménagères. Il fait de la femme l'esclave de l'homme et des enfants (« un idole d'époux et des marmots d'enfants »). Armande incite sa sœur à abandonner ce triste projet pour se consacrer aux plus nobles activités de l'esprit, à l'amour de l'étude. Ainsi elle sera digne de leur mère, honorée comme une femme « savante ».

Henriette lui objecte que l'idéal du mariage lui convient parfaitement et qu'elle voit beaucoup d'agréments à cette union pleine de tendresse et de douceur qui comble un amour partagé.

Lassée et résignée, Armande reproche alors à Henriette de vouloir épouser Clitandre qui lui fit autrefois la cour. Henriette rappelle à sa sœur qu'un tel choix ne devrait pas l'offenser puisqu'elle a pour toujours renoncé au mariage. D'autre part

Armande n'a-t-elle pas refusé les avances de Clitandre? Ce dernier a déclaré son amour à Henriette et il est d'ailleurs en mesure de confirmer ce libre choix.

COMMENTAIRE

Une scène d'exposition

Les éléments d'une scène d'exposition: cette scène nous révèle l'**opposition caractérielle** entre les deux sœurs: Armande, arrogante et orgueilleuse, et Henriette, humble et sans ambition particulière. Leurs relations sont extrêmement «tendues» comme le montre leur vive querelle au sujet du mariage.

Le début de l'**intrigue** nous est donné: Clitandre et Henriette s'aiment et désirent s'épouser. Armande, jalouse de ce projet, pourrait bien se poser en dangereuse rivale. D'autre part, les parents donneront-ils leur assentiment à ce mariage?

La thèse des femmes savantes sur le mariage: cet «affrontement» des deux théories opposées permet à Molière d'exposer dès le début de sa pièce le point de vue des femmes savantes sur le mariage, avec Armande pour porte-parole.

Les propos d'Armande ne sont point pour nous étonner puisqu'ils rappellent l'opinion des «précieuses» que Molière avait déjà amplement développée en 1659 dans *Les Précieuses ridicules*. Cependant les précieuses en général semblaient peut-être moins «radicales» dans leurs opinions. En effet, comme le déclarait Magdelon, «le mariage ne doit jamais arriver qu'après les autres aventures». Il est accepté par les précieuses, en «fin de roman», comme dans *Le Grand Cyrus* de Mlle de Scudéry; il est en quelque sorte la récompense d'une longue fidélité et d'une admirable constance. Les précieuses étaient quelque peu romantiques: elles aimaient les «beaux sentiments» et appréciaient qu'on leur fasse la cour en respectant les longs parcours sentimentaux de la célèbre *Carte de Tendre* (publiée dans *Clélie*).

L'action

Elle «s'ouvre» avec le projet d'Henriette annonçant son prochain mariage avec Clitandre (scène non représentée qui se situerait immédiatement avant la scène 1 de l'Acte I).

Nous apprenons également que Philaminte (mère d'Armande et d'Henriette) est considérée comme une «femme savante» célèbre.

Les personnages

Henriette: Apparaît comme une jeune fille saine et équilibrée. Comme toujours, elle sert de porte-parole à Molière pour rappeler les vérités de bon sens (retrouver ces types de personnages dans d'autres pièces de Molière: Gorgibus dans *Les Précieuses ridicules*, Chrysalde dans *L'École des femmes*, Beralde dans *Le Malade imaginaire*, Philinte dans *Le Misanthrope*, Cléante dans *Le Tartuffe*, etc.).

Armande: Elle donne le «coup d'envoi» à la pièce en instaurant une vive polémique autour du mariage et en commençant par provoquer de manière très agressive sa sœur Henriette (voir le ton de la réplique: vers 1 à 4). Armande est «entière» et incapable de faire la moindre concession.

Les idées

La philosophie d'Armande repose sur une dichotomie tout à fait simpliste (souvent reprise par les religions) entre la matière et l'esprit, l'âme et le corps, le supérieur et l'inférieur et, en définitive, le bien et le mal... C'est le dualisme traditionnel qui fait de l'homme un être ambigu et contradictoire, partagé entre l'ange et la bête. Cette théorie apparaît clairement comme le montre ce rapide relevé:

Mépris	Estime
– Les bas amusements	– Les nobles plaisirs
– Les sens et la matière	– L'esprit
– La partie animale et l'appétit grossier des bêtes	– La raison et l'âme
– Les sens et les grossiers plaisirs	– L'âme et les nobles désirs
– (Les productions) de la nature	– Les productions d'esprit et de lumière

Psychologie et sociologie

Armande révèle par ses propos son véritable «problème» personnel. En fait, elle ne peut souffrir l'idée des relations sexuelles (qui représentent à ses yeux le péché suprême) et c'est ce qui peut expliquer très vraisemblablement sa répulsion pathologique envers le mariage. De plus, se culpabilisant, elle devient d'autant plus virulente à l'égard d'Henriette (qu'elle envie secrètement), ce qui explique sa jalousie à peine masquée contre sa sœur:

«Croyez-vous pour vos yeux sa passion bien forte,
Et qu'en son cœur pour moi toute flamme soit morte?»

Il est heureux pour Armande que le **phénomène sociologique** de la préciosité (en France au XVIIe siècle) reprenne à la lettre ses propres thèses: cela lui permet de justifier son état pathologique personnel.

Cette scène met en relief l'oppositon de tempérament entre Armande et Henriette : Armande est prétentieuse, rigide, excessive et agressive. Au contraire, Henriette est calme, modeste, humble, sereine et peu susceptible. Elle se permet quand même d'ironiser malicieusement :

«Et tout esprit n'est pas composé d'une étoffe
Qui se trouve taillée à faire un philosophe.
Si le vôtre est né propre aux élévations [...]
Le mien est fait, ma sœur, pour aller terre à terre... »

Les grands mouvements de la scène

Première partie : le problème du mariage

v. 1 à 25 : Querelle entre Armande et Henriette. Vif échange de propos. Armande reproche à sa sœur de vouloir se marier.

v. 26 à 52 : Tirade d'Armande qui révèle les inconvénients du mariage et propose à Henriette de suivre son exemple en se consacrant à l'étude de la philosophie (point de vue des «femmes savantes»).

v. 53 à 72 : Tirade d'Henriette, en réponse à Armande. Chacun doit se conformer à son destin. Les êtres humains sont inégaux dès la naissance. Qu'Armande (esprit supérieur) choisisse la philosophie ; quant à Henriette (défavorisée par les dieux), elle suivra sa vocation pour le mariage. Ironie d'Henriette qui expose le point de vue du bon sens.

v. 73 à 84 : Référence au modèle offert par leur mère Philaminte.

Seconde partie de la scène : le cas de Clitandre

v. 85 à 120 : Seconde querelle entre Armande et Henriette à propos de Clitandre. Armande reproche à Henriette de lui avoir «pris son amant». Henriette se défend d'une telle action : Clitandre l'a préférée à Armande et s'est librement déterminé en sa faveur. Devant le doute d'Armande, Henriette propose que l'intéressé vienne s'expliquer. Précisément, Clitandre s'avance...

Le langage

On remarquera l'abondance du langage précieux et surtout (volonté satirique de Molière) dans la bouche d'Armande. On relèvera notamment des alliances entre termes concrets et termes abstraits, la fréquence de certains mots empruntés (curieusement) au vocabulaire cornélien (les clartés, les feux, la flamme...), des substantifs abstraits au pluriel, des abstractions et des hyperboles.

À titre d'exemple, voici quelques échantillons de ce langage précieux :

- « De quelle étrange image on est par lui blessée » ;
- « ... résoudre votre cœur » ;
- « Qui blesse la pensée » (association du concret et de l'abstrait) ;
- « De tels attachements, ô ciel » (pluriel et emphase) ;
- « Le nœud bien assorti » (incohérence des métaphores amoureuses) ;
- « Aspirez aux **clartés** qui sont dans la famille » (le mot « clarté » est souvent employé dans *Les Femmes savantes*). Par exemple, Philaminte : « fermer la porte aux sublimes clartés », et Trissotin parlant des « vives clartés » d'Armande ;
- « Ce sont là des beaux feux, les doux attachements » (style cornélien) ;
- « Le ciel, dont nous voyons que l'ordre est tout-puissant » (abstraction) ;
- « Les hautes régions de la philosophie » (emphase précieuse) ;
- « Goûtera de l'hymen les terrestres appas » (idem) ;
- « Cet empire que tient la raison sur les sens (abstraction précieuse) ne fait pas renoncer aux douceurs des encens » (pluriel poétique) ;
- « Ce qu'est venu m'offrir l'hommage de sa flamme » (cornélien) ;
- « Et qu'en son cœur pour moi toute flamme soit morte » *(id.)*.

ACTE I, SCÈNE 2

RÉSUMÉ

Pressé par Henriette et par Armande de faire connaître ses véritables sentiments, Clitandre déclare clairement son amour pour Henriette et fait part de son désir de l'épouser.

COMMENTAIRE

L'action

Nous apprenons que Clitandre a choisi d'épouser Henriette. Armande, blessée dans son amour-propre et quelque peu jalouse fera-t-elle obstacle à ce projet ? Et comment les parents réagiront-ils à ce projet de mariage ? Le problème traditionnel de la comédie bourgeoise se trouve à nouveau posé. Les parents s'opposeront-ils à leurs enfants ?

Le portrait de Clitandre

Clitandre fait son entrée dans la pièce. Cette première apparition – annoncée donc attendue par les spectateurs – offre l'occasion de faire son portrait (à travers son comportement).

Pressé de «déclarer» son choix entre les deux sœurs, Clitandre révèle un caractère profondément sincère et honnête. Il n'est nullement embarrassé par la situation pourtant peu confortable dans laquelle il se trouve placé malgré lui.

Dans la première partie de sa tirade (v. 129 à 134), il déclare bien haut son amour pour Henriette («Mon amour et mes vœux sont tout de ce côté», v. 134). Puis, se tournant vers Armande (seconde partie de la tirade, v. 135 à 144), il reconnaît l'avoir aimée (autre preuve de son honnêteté) et il donne les raisons de son revirement amoureux: la froideur d'Armande, son mépris ont fini par le décourager. Dans la troisième partie de la tirade, il fait d'abord l'éloge d'Henriette qui s'est montrée envers lui plus «humaine», plus consolatrice et compréhensive (v. 145 à 150). Enfin, Clitandre supplie Armande de renoncer à lui pour toujours (v. 151 à 154).

Une lutte sans merci entre les deux sœurs

Armande, si peu sympathique en raison de son arrogance et de son attitude méprisante lors de la dispute avec Henriette (sc. 1), suscite plutôt notre pitié dans cette scène. Elle nous apparaît quelque peu malmenée par Henriette qui profite de son «triomphe» pour ironiser de nouveau en prenant Armande à son propre jeu et en feignant de croire à sa magnanimité (v. 181 à 189).

À l'actif d'Armande, nous remarquerons qu'elle est capable de délicatesse. Ne relève-t-elle pas la malhonnêteté du procédé utilisé par Henriette pour «obliger» Clitandre à se déclarer en sa faveur?

Il est vrai qu'elle agit peut-être en sa faveur en espérant que Clitandre pourrait faire un autre choix s'il n'était pas «sous influence».

Henriette révèle qu'elle sait habilement tirer parti des situations difficiles et qu'au besoin elle peut manier avec une grande dextérité l'arme redoutable de l'ironie. Elle exploite à son profit la querelle entre Clitandre et Armande (v. 155 à 158) en appelant Armande à plus de modération, conformément à ses belles théories. De même, lorsque Armande lui propose de se conformer à son devoir, Henriette prend sa sœur au mot et la prie de l'aider dans cette entreprise. La tactique d'Henriette est ainsi définie: ne pas contrarier sa sœur mais, au contraire, la placer dans des situations telles qu'il lui devient impossible de se désavouer.

Comparaisons

Clitandre et Célimène: Dans *Le Misanthrope*, Célimène est confrontée à la même situation que Clitandre. Alceste et Oronte la pressent de déclarer «ses sentiments». Elle doit choisir entre eux deux. Mais Célimène, contrairement à Clitandre, se montre embarrassée par «un tel pas».

«Mon Dieu! que cette Instance est là, hors de saison:
Et que vous témoignez, tous deux, peu de raison!
Je sais prendre parti sur cette préférence,
Et ce n'est pas mon cœur, maintenant, qui balance:
Il n'est point suspendu, sans doute, entre vous deux,
Et rien n'est si tôt fait que le choix de nos vœux.
Mais je souffre, à vrai dire, une gêne trop forte
À prononcer en face un aveu de la sorte.» (Acte V, sc. 2).

Armande et Arsinoé: La situation d'Armande dans cette scène est comparable à celle d'Arsinoé dans *Le Misanthrope* (Acte V, sc. 4). Arsinoé répond en ces termes à Alceste qui vient de la blesser en déclarant qu'il ne la choisirait pas pour épouse même s'il avait à se venger de Célimène:

«Hé! croyez-vous, Monsieur, qu'on ait cette pensée,
Et que, de vous avoir, on soit tant empressée?
Je vous trouve un esprit bien plein de vanité,
Si, de cette créance, il peut s'être flatté:
Le rebut de Madame[1] est une marchandise,
Dont on aurait grand tort d'être si fort éprise...»

ACTE I, SCÈNE 3

RÉSUMÉ

Après s'être réjouis de la bonne leçon infligée à Armande, Clitandre et Henriette songent à faire avancer leur projet de mariage.

Henriette conseille à Clitandre de s'adresser en premier lieu à sa mère. C'est elle qu'il faut convaincre car «c'est elle qui gouverne» le ménage. Son père est certes un homme compré-

1. *Madame*: Célimène.

hensif et accommodant mais il se soumet toujours aux volontés de son épouse. Henriette reproche à Clitandre sa froideur envers Philaminte et Bélise (v. 211 à 214).

Clitandre s'explique: sa franchise naturelle l'empêche de faire l'éloge de ce qu'il désapprouve profondément : il ne peut supporter les «femmes doctes».

De plus, il déteste un certain Trissotin, faux bel esprit, ami de Philaminte et homme présomptueux, suffisant, orgueilleux, sûr de ses dons, de son mérite et dont l'œuvre poétique est d'une grande médiocrité.

COMMENTAIRE

L'action

Elle est assez réduite dans cette scène de tête-à-tête entre les deux amoureux qui s'attachent à mettre au point une stratégie afin de parvenir à réaliser leur projet de mariage. Henriette se révèle surtout fine psychologue et fait preuve d'un certain réalisme sans pour autant négliger la diplomatie. Elle prévoit les difficultés, soit, dans l'ordre: sa mère, sa tante et Trissotin. Si elle approuve l'analyse psychologique de Clitandre, elle lui demande de se montrer plus souple et quelque peu opportuniste:

> «Vous devez vous forcer à quelque complaisance.»
> «Jusqu'au chien du logis il s'efforce de plaire.»

N'est-ce pas trop demander à un esprit avant tout soucieux de «sincérité»?

À propos du dernier vers cité, Molière se souvient vraisemblablement de la pièce de Plaute, *Asinaire*, dans laquelle une mère de courtisane déclare à propos d'un nouvel amant: «Il veut plaire à sa maîtresse, à moi, à la suivante, aux valets, même aux suivantes et il va jusqu'à flatter mon petit chien, pour qu'à sa vue il manifeste de la joie.»

Molière et l'éducation des femmes

Par le truchement de Clitandre dont il fait son porte-parole, Molière développe dans la première partie de la tirade (v. 215 à 226) un problème qui lui tient à cœur: celui de l'éducation des femmes. Si l'on se replace dans le contexte historique du XVIIe siècle, on comprendra que Molière est loin d'être un esprit rétrograde. Bien au contraire, il reconnaît qu'une femme a le droit de s'instruire et de se consacrer à l'étude. Il apprécie chez la femme la curiosité intellectuelle et lui accorde parfaitement le droit à l'acquisition d'une culture générale :

«Je consens qu'une femme ait des clartés de tout.»

Ce que Molière (par la voix de Clitandre) refuse, ce contre quoi il s'insurge, c'est le pédantisme, l'arrogance, la fatuité qui consiste à vouloir posséder une certaine connaissance uniquement pour en faire étalage et pour s'enorgueillir. :

«Mais je ne lui veux point la passion choquante
De se rendre savante afin d'être savante.»

Car ce qui fait – du moins pour Molière – le charme de la féminité, c'est une certaine pudeur, une délicate discrétion.

Curieusement, Molière rejoint parfaitement en cela l'avis même du modèle des précieuses, Mlle de Scudéry, qui écrivait dès 1653 : «Je veux donc bien qu'on puisse dire d'une personne de mon sexe qu'elle sait cent choses dont elle ne se vante pas, qu'elle a l'esprit fort éclairé, qu'elle connaît finement les beaux ouvrages, qu'elle parle bien, qu'elle écrit juste et qu'elle sait le monde, mais je ne veux pas qu'on puisse dire d'elle : "C'est une femme savante"... Ce n'est pas que celle qu'on n'appellera point savante ne puisse savoir autant et plus de choses que celle à qui on donnera ce terrible nom, mais c'est qu'elle se sait mieux servir de son esprit, et qu'elle sait cacher adroitement ce que l'autre montre mal à propos» (*Artamène ou le Grand Cyrus*, X^{e} partie, Livre II).

Les portraits

Trissotin au nom évocateur apparaît ici pour la première fois à travers le «portrait» à la mode du XVIIe siècle qu'en fait Clitandre qui déclare l'avoir d'abord connu par ses écrits («le fatras des écrits qu'il nous donne»). Trissotin est l'image même du poète mondain. Molière avait déjà raillé ces «galants» entichés de belles lettres dans *Les Précieuses ridicules*. Ce qui est détestable chez Trissotin et chez ses semblables, c'est encore une fois le pédantisme, la présomption, la fatuité et l'arrogante suffisance.

Clitandre révèle dans son emportement contre Trissotin de nouveaux traits de son caractère et notamment l'ironie :

«Un benêt dont partout on siffle les écrits,
Un pédant dont on voit la plume libérale,
D'officieux papiers fournir toute la halle.» (v. 234-236)

Clitandre n'est donc pas un faible ; il sait faire preuve d'esprit critique et est capable de refuser ce qui lui paraît contraire à son honneur. C'est un vrai gentilhomme au sens où on l'entendait au XVIIe siècle.

Chrysale nous est présenté par Henriette comme un brave père de famille qui n'a aucune raison de contrarier les amoureux (« Mon père est d'une hummeur à consentir à tout »), mais il manque d'autorité (« il met peu de poids aux choses qu'il résout »). C'est un mari totalement dépendant de la volonté et des décisions de sa famme (« Qui le soumet d'abord à ce que veut sa femme »). En conclusion : Chrysale n'est pas susceptible de représenter un obstacle au mariage.

Philaminte : c'est Henriette elle-même qui fait le portrait de sa mère (dont le spectateur ne connaît d'ailleurs pas encore le nom et qui n'apparaîtra pas au cours du premier acte ; ce qui suscite naturellement une « attente », un effet de suspense). Philaminte nous apparaît comme une femme autoritaire et dominatrice :

> « C'est elle qui gouverne, et d'un ton absolu
> Elle dicte pour loi ce qu'elle a résolu. » (v. 209-210)

De plus, Philaminte ne paraît pas douée d'un excellent jugement critique puisqu'elle a élu pour « héros d'esprit » un homme médiocre, « son monsieur Trissotin » qu'elle ne supporterait pas de voir dénigré. Elle joint donc l'entêtement à l'autoritarisme.

Philaminte ne fait-elle pas songer à beaucoup d'autres héros ou héroïnes du théâtre de Molière qui se sont également « entichés » d'un personnage médiocre, falot mais parfois également très rusé (sorte de parasite) qui s'incruste et finit par exploiter celui qui leur a fait confiance : Dorante pour Monsieur Jourdain, Tartuffe pour Orgon, Bélise pour Argan, etc. ?

ACTE I, SCÈNE 4

RÉSUMÉ

Pour se conformer au vœu d'Henriette, Clitandre cherche à complaire à Bélise ; mais alors qu'il s'apprête à lui confier ses sentiments pour Henriette, Bélise croit qu'il lui fait indirectement une déclaration d'amour personnelle.

Malgré tous ses efforts, Clitandre ne parviendra pas à l'en dissuader.

La progression dramatique : des enchaînements de convention

Il y a une belle logique, un peu simpliste et artificielle, dans la succession et l'enchaînement des scènes du premier acte.

Ainsi, après la querelle entre Armande et Henriette, Clitandre, dont on attend une « explication », apparaît précisément à l'instant même où l'on a besoin de lui :

> « Il nous est bien aisé de nous en éclaircir.
> Je l'aperçois qui vient... » (v. 128-129)

De même, à la fin de la scène 3, on retrouve un processus identique peu crédible mais qui fait partie également des conventions théâtrales.

Le comique de la scène

L'entrevue entre Clitandre et Bélise s'annonce en principe délicate et sérieuse. Or Molière parvient, grâce à sa profonde maîtrise du théâtre, à en faire une scène fort comique. Ce comique repose essentiellement sur **une méprise et un quiproquo.**

Méprise de Bélise sur les sentiments de Clitandre à son égard. À la décharge de Bélise, cette méprise est – au début au moins – tout à fait vraisemblable en raison de la formulation au discours de Clitandre (v. 273 à 275). En effet, l'ambiguïté (étudiée) des propos permet qu'ils s'appliquent aussi bien à Bélise qu'à Henriette (qui est leur destinataire réel).

Ces effets comiques sont renforcés par la vanité des efforts de Clitandre (comique de répétition) dont chaque affirmation est démentie par Bélise qui croit qu'il use de subtilités de plus en plus grandes pour lui déclarer son amour.

Noter la répétition (sur tous les tons) du prénom d'Henriette (v. 298 à 300) que Bélise interprète comme un artifice subtil :

> « Et je sais sous ce nom ce qu'il faut que j'entende.
> La figure est adroite... » (v. 304-305)

L'obstination « chimérique » de Bélise fait également rire les spectateurs, d'autant plus qu'elle paraît totalement invraisemblable étant donné l'âge du personnage.

L'emportement final (assorti d'insulte) de Clitandre prolonge encore l'effet comique de la scène. Nous rions cette fois de son impuissance totale à sortir Bélise de son entêtement :

> « Diantre soit de la folle avec ses visions ! » (v. 325)

Bélise et la conception précieuse de l'amour

Bélise illustre parfaitement le type de la précieuse, principalement en raison de ses conceptions de l'amour.

Elle respecte en effet les rites auxquels doit se conformer une véritable précieuse. Ainsi, une déclaration d'amour doit être suivie d'un « prompt courroux » de la précieuse. C'est ce que fait Bélise (v. 276 à 286) en protestant immédiatement : « Ah ! tout beau ! »

Cette idée de l'amour platonique et romanesque est en parfait accord avec les théories des précieuses et font immédiatement songer à Cathos et Magdelon dans *Les Précieuses ridicules* : « Le jour de la déclaration arrive... et cette déclaration est suivie d'un prompt courroux, qui paraît à votre rougeur et qui, pour un temps, bannit l'amant de votre présence » (scène 5). Bélise (qui exige le silence absolu de la part de son présumé amant mais veut bien accepter les « œillades » amoureuses) se réfère comme Magdelon aux romans qu'elle a lus (naturellement on songe au *Grand Cyrus* et à *Clélie*) et applaudit au « détour d'esprit » original qu'elle attribue à Clitandre.

« Refuser les dehors à l'amour » (ou les précieuses et la pruderie)

Bélise se veut « prude » comme Armande s'adressant à Henriette (Acte I, sc. 1, v. 9 à 14), elle ne veut rien entendre qui soit susceptible de « blesser » sa « pruderie ». Somaize, dans son *Grand Dictionnaire,* donnait une explication à cette extrême exigence de pureté clamée par les précieuses :

« Leur troisième maxime est de refuser les dehors à l'amour, parce qu'elles sont persuadées qu'on ne peut les accuser que de ce qui est visible. »

« Le quatrième point est de donner plus à l'imagination à l'égard des plaisirs qu'à la vérité, et cela par ce principe de morale que l'imagination ne peut pescher réellement. » (art. MORALE)

En effet, on constate que Bélise permet tous les « débordements » de l'imagination :

« Aimez-moi, soupirez, brûlez pour nos appas. » (v. 281)

Molière psychologue : Clitandre et Valère (comparaison)

Il est intéressant de comparer (pour les opposer) les comportements respectifs de Clitandre (dans *Les Femmes savantes*) et de Valère (dans *L'Avare*, Acte I, sc. 1).

À l'inverse de Clitandre, Valère – qui n'a que faire de « franchise » et ne cherche qu'à satisfaire ses intérêts – pourrait parfaitement répondre aux conseils d'Henriette :

> « Je voudrais bien vous voir pour elle et pour ma tante,
> Une âme, je l'avoue, un peu plus complaisante,
> Un esprit qui, flattant les visions du leur,
> Vous pût de leur estime attirer la chaleur. » (v. 211-214)

En effet, Valère avoue à Élise qu'il flatte les obsessions de son avare de père :

« J'éprouve que pour gagner les hommes, il n'est point de meilleure voie que de se parer à leurs yeux de leurs inclinations, que de donner dans leurs maximes, encenser leurs défauts, et applaudir à ce qu'ils font. On n'a que faire d'avoir peur de trop charger la complaisance ; et la manière dont on les joue a beau être visible, les plus fins toujours sont de grandes dupes du côté de la flatterie ; et il n'y a rien de plus impertinent et de si ridicule qu'on ne fasse avaler lorsqu'on l'assaisonne en louange. La sincérité souffre un peu au métier que je fais ; mais quand on a besoin des hommes, il faut bien s'ajuster à eux ; et puisqu'on ne saurait les gagner que par là, ce n'est pas la faute de ceux qui flattent, mais de ceux qui veulent être flattés. »

Quelle connaissance de l'homme éternel !

ACTE II, SCÈNE 1

RÉSUMÉ

Ariste, frère de Chrysale, prend congé de Clitandre et lui promet de l'aider en « appuyant » sa demande de mariage avec Henriette auprès de son frère et de sa belle-sœur.

COMMENTAIRE

L'enchaînement des actes : une articulation habile

Il est intéressant d'observer la manière dont les actes s'enchaînent. Souvent, une « ellipse » plus ou moins importante sépare un acte d'un autre. Par « ellipse », nous entendons le déroulement d'une certaine action dramatique mineure **qui n'est pas représentée devant les spectateurs** mais dont il est facile de se faire une idée soit par déduction, soit par le récit qu'en font (ultérieurement) les personnages en scène, dès le début du nouvel acte. Ces épisodes – non joués – donnent l'impression que l'action (fictive) ne s'est pas interrompue durant l'entracte.

Ici, **le «sage» Ariste** fait sa première apparition, mais il a néamoins été annoncé par Clitandre aux derniers vers de l'acte précédent :

«Allons commettre un autre au soin que l'on me donne,
Et prenons le secours d'une sage personne.» (v. 327-329)

Le spectateur qui attendait donc cette «sage personne» sait immédiatement qu'Ariste va incarner ce type de personnage «raisonnable» et «tolérant» (fréquent dans le théâtre de Molière) dont le rôle est de rappeler la voie du bon sens et de modérer les passions des personnages «égarés» (souvent victimes du dérèglement de leur caractère).

La brève intervention d'Ariste dans la scène 1 de l'Acte II laisse supposer qu'il s'entretenait depuis un assez long moment avec Clitandre (dont nous n'avons pas entendu les propos). Le spectateur devine aisément le début de cet entretien : Clitandre a contacté – comme il l'avait annoncé – Ariste, afin de lui demander son aide puisqu'il ne pouvait à l'évidence plus compter sur l'appui de la «folle» Bélise.

Ariste apparaît comme un homme compréhensif et dévoué, sur lequel on peut compter. Il se montre à cette occasion fort lucide et très fin psychologue (voir sa réplique amusante sur le bavardage intarissable des amoureux et sur leur impatience, v. 331-332).

L'art de la mise en scène

La scène 1, quoique très brève et ne donnant la parole qu'à un seul personnage, peut cependant faire l'objet d'une mise en scène très astucieuse : tandis que Clitandre s'éloigne d'Ariste en se dirigeant vers la coulisse, Ariste prononce «en aparté» les vers comiques 331-332. Il est interrompu par l'arrivée de Chrysale («Jamais...»).

Tout est merveilleusement «agencé» et donne une impression de parfait naturel tout en animant le «plateau».

Ceci prouve – s'il en était besoin – que Molière était un excellent metteur en scène sachant parfaitement organiser le passage d'une situation à une autre en conservant un personnage pivot.

ACTE II, SCÈNE 2

RÉSUMÉ

Ariste demande à son frère Chrysale ce qu'il pense de Clitandre. Spontanément, Chrysale fait l'éloge du jeune homme dont il estime les qualités de cœur, l'intelligence et la bonne moralité. Il révèle en outre qu'il fut en sa jeunesse un ami intime de son père et il évoque à ce sujet (avec une certaine nostalgie) certaines aventures galantes partagées à l'occasion d'un voyage à Rome effectué à l'âge de vingt-huit ans.

COMMENTAIRE

Le portrait de Chrysale

Grâce aux propos d'Henriette (Acte I, sc. 3, v. 205 à 207), les spectateurs connaissent déjà les principaux traits de caractère de Chrysale. Cette scène permet d'approfondir ce « portrait ».

Le personnage de Chrysale permet de mettre en valeur un aspect de la psychologie humaine cher à Molière puisqu'on le retrouve souvent dans ses pièces : des hommes initialement « équilibrés », bons et sympathiques, peuvent se transformer en personnages faibles, odieux, tyranniques ou insupportables... à la suite d'une rencontre avec un autre personnage (parasite) qui les « aliène » en exerçant sur eux une emprise négative. C'est, par exemple, le cas d'Orgon, perturbé à la suite de la rencontre avec Tartuffe qui exerce sur lui son influence néfaste. Chrysale, sous l'emprise de Philaminte, pourrait dire comme Orgon : « Oui, je deviens tout autre avec son entretien » (*Tartuffe*, v. 275).

Tendresse et pitié

Cette scène n'est pas véritablement comique. Il s'en dégage même une sorte d'émotion touchante. Nous sommes certes sensibles à la parfaite entente entre les deux frères qui échangent très librement leurs confidences. Mais la nostalgie évidente de Chrysale, son empressement à évoquer des souvenirs intimes se rapportant à sa jeunesse heureuse, suscitent à son égard (de la part des spectateurs) un certain sentiment de sympathie mêlé de pitié. Il paraît évident que cet homme sensible (et sans doute vulnérable) souffre d'un manque de liberté et qu'il ne parvient plus à être parfaitement lui-même. Les «chimères» de Philaminte (et de Bélise) le rendent «esclave» et malheureux.

ACTE II, SCÈNE 3

RÉSUMÉ

Bélise, arrivée subrepticement, s'interpose entre les deux frères et leur déclare qu'ils se méprennent : c'est d'elle – et non d'Henriette – («voile ingénieux, prétexte») que Clitandre serait amoureux. Après un trouble passager, Ariste s'efforce – mais en vain – de démontrer à Bélise l'invraisemblance de ses «chimères».

COMMENTAIRE

Comique de répétition mais tragédie personnelle

L'intervention de Bélise a un effet de «retardement» sur l'action dramatique ; mais (fort heureusement), elle ne met pas sérieusement en péril la mission d'Ariste. Elle crée – en plus de l'effet de suspense – un effet comique dû à l'obstination du personnage qui se rend ridicule en refusant d'admettre la criante évidence des arguments et des faits.

Le «sage» Ariste

Toujours dans son rôle de «sage», Ariste cherche d'abord à connaître la vérité puis, lucide, il s'efforce de «raisonner» sa sœur Bélise.

Dans un premier temps (v. 351 à 372), Ariste se montre surpris et quelque peu ébranlé par les allégations de Bélise qui semblent apporter un étrange démenti à sa propre information (v. 359 et 370-371). Mais la révélation de Bélise («Moi»), qui fait l'effet d'une bombe (comique de situation), le rassure bien vite car il connaît la «folie» de sa sœur.

Dans la seconde partie de la scène (vers 373 à 396), Ariste s'efforce de sortir sa sœur de l'aveuglement où elle se trouve (et s'enferme) en raison de ses «chimères». Il cherche à placer Bélise devant des évidences qu'elle ne devrait pas pouvoir contester : v. 380, 385, 387, 389, 391.

Comparons l'attitude d'Ariste avec celle du faible Chrysale qui préfère se taire. Qu'aurait-il d'ailleurs à ajouter ? Et puis aurait-il le courage de contrarier et d'affronter Bélise ? Certes pas.

Bélise ou l'obstination

Son portrait confirme les enseignements les plus modernes de la psychologie et de la psychiatrie. C'est précisément parce qu'elle n'a pas de «succès» auprès des hommes qu'elle s'invente ce rôle d'amante tyrannique adulée en silence (et pour cause!).

Elle invoque successivement – pour expliquer le silence de ses amants – le respect excessif, la jalousie forcenée et le désespoir absolu.

Enfin, elle s'emporte (v. 393 à 396), ce qui lui évite de donner des explications supplémentaires et la sauve du devoir de se justifier davantage. Elle s'enferme définitivement dans sa fausse conviction si satisfaisante pour elle-même.

ACTE II, SCÈNE 4

RÉSUMÉ

Après ce fâcheux intermède, Ariste «reprend» son discours avec Chrysale et lui demande s'il accepte de donner son consentement au mariage de Clitandre et d'Henriette en dépit de la modeste situation financière du jeune homme.

Chrysale se montre tout à fait favorable à ce projet («je l'accepte pour gendre») et se fait fort d'obtenir sans difficulté l'accord de son épouse.

COMMENTAIRE

Liaison entre les scènes

L'intervention de Bélise (qui sort sous l'impulsion de sa colère mais aussi parce qu'elle a échoué dans son projet et qu'elle se sent rejetée) n'aura été qu'un intermède «enchâssé» dans le dialogue entre Chrysale et Ariste qui se poursuit après le départ de la «fâcheuse».

La scène 3 aurait-elle pu être supprimée? Sans doute n'apparaît-elle d'aucune utilité pour la progression dramatique. Son intérêt (souligné à nouveau dans les deux premières répliques entre Chrysale et Ariste) est d'abord de montrer le profond degré d'aveuglement de cette femme:

CHRYSALE. – «Notre sœur est folle, oui.

ARISTE. – Cela croît tous les jours.» (v. 397)

Plus que de l'entêtement, il s'agit d'une forme de maladie mentale dont les fâcheuses conséquences sont à redouter. C'est seulement en cela que la scène 3 prépare néanmoins l'action future. Le spectateur attentif peut s'attendre à une forte résistance de ce côté.

Ariste, homme d'action réaliste

Ariste, reprenant donc le fil de son discours, s'empresse d'en venir sans détour au but de sa mission. C'est un homme d'action réaliste et pragmatique qui exprime, clairement et sans attendre, ses intentions:

> «Clitandre vous demande Henriette pour femme :
> Voyez quelle réponse on doit faire à sa flamme.» (v. 399-400)

On ne peut être plus clair, plus bref et plus direct!

De plus, afin qu'aucune ambiguïté ne puisse subsister, Ariste choisit d'exposer lui-même à Chrysale les éléments qui pourraient l'inciter à refuser Clitandre pour gendre.

Rappelons à ce sujet qu'au XVIIe siècle, les pères étaient tout-puissants pour de tels choix. En principe, ils justifiaient ce pouvoir (qui nous semble inadmissible) en évoquant le devoir de protéger leurs enfants (surtout leur fille) et de leur garantir des époux (épouses) honnêtes et susceptibles de les rendre heureux.

En fait, on attachait naturellement la plus grande importance à la condition sociale de la future famille, à sa richesse ainsi qu'à sa réputation ou moralité.

Ces critères réapparaissent dans le discours d'Ariste: certes, nous savons que le père de Clitandre était un «gentilhomme», mais le principal obstacle pourrait résider dans l'absence de fortune:

> «Vous savez que de bien il n'a pas l'abondance.» (v. 403)

Quant à la moralité, Chrysale l'a déjà constatée:

> «Il est riche en vertu, cela vaut des trésors.» (v. 405)

Le portrait de Chrysale... (suite)

Chrysale sympathique

Chrysale est un homme de cœur, une sorte d'idéaliste généreux. Il ne fait aucune difficulté pour accepter un gendre peu «argenté». Seules comptent pour lui les qualités intellectuelles et l'honnêteté.

De plus, Chrysale est un «sentimental»: l'amitié qu'il a éprouvée pour le père («gentilhomme» par surcroît) suffit à lui rendre le fils agréable:

> «Et puis son père et moi n'étions qu'un en deux corps.» (v. 406)

S'il ne tenait qu'à lui, «l'affaire» serait donc conclue sur-le-champ.

Chrysale comique et « ridicule »

Cependant, Chrysale prête à rire dans la seconde partie de cette scène (v. 408 à 417) à partir de l'instant où il prononce péremptoirement son « Il suffit », alors qu'Ariste – prévenu par Henriette – évoque un possible (et vraisemblable) refus de Philaminte.

Nous sourions parce que nous croyons, nous aussi, à l'avertissement d'Henriette. Nous savons que Chrysale joue au « fanfaron » devant son frère et que son souci majeur est de donner à Ariste une « bonne image » de lui : celle d'un parfait chef de famille respecté et obéi de tous les siens.

L'important pour Chrysale est de rassurer Ariste afin qu'il n'assiste pas à la discussion tant redoutée avec son épouse.

ACTE II, SCÈNE 5

RÉSUMÉ

La servante Martine sort de chez Philaminte dans un état d'agitation extrême, en proie à la colère et à l'indignation. Elle apprend à Chrysale qu'elle vient d'être congédiée injustement par sa maîtresse qui l'a de plus menacée de coups de bâton.

Chrysale lui promet d'intervenir en sa faveur.

COMMENTAIRE

Les servantes dans le théâtre de Molière

La servante est l'un des types traditionnels de la farce médiévale que Molière a repris mais en le modifiant profondément, allant jusqu'à lui donner une véritable personnalité et projetant souvent ses propres opinions dans les propos qu'il lui prête. Martine apparaît ici pour la première fois dans la pièce. Elle a le prénom de la fidèle servante de Molière – Martine Laforêt, à laquelle Molière lisait, paraît-il, ses pièces (pour les « tester »). La légende veut même que cette Laforêt ait interprété le rôle. Mais officiellement, c'est à Mlle Beauvau (qui joua la Nicole du *Bourgeois gentilhomme*) que Molière avait attribué le rôle de Martine.

Dans les comédies de Molière, la servante « forte en gueule » mène souvent l'action et aide les jeunes gens à réaliser leurs projets. Molière a amplifié progressivement le rôle de la servante au fil des années jusqu'à en faire une sorte de « muse comique ».

Souvenons-nous, dans la galerie de ce type de personnage, des Lucile, Cathau, Marinette, Élise, Lisette, etc. Ces servantes fugaces n'ont guère de poids. Mais il en va bien autrement avec **Dorine**, qui a la dent si dure contre Tartuffe, avec l'inoubliable **Nicole** du *Bourgeois gentilhomme* dont le rire insolent et irrépressible résonne encore à nos oreilles, et avec la dernière en titre, la **Toinette** du *Malade imaginaire,* si attachante et tellement habile dans son rôle de « médecin volant ».

Martine

Quant à Martine, elle a l'un des rôles de servante les plus étoffés de la galerie. L'arrivée brutale et les éclats de voix de Martine hors d'elle, révoltée, vindicative, s'apparentent au comique de farce ainsi que l'évocation des menaces de « coups de bâton » (sanction courante à cette époque qui ne surprenait donc pas les spectateurs du XVIIe).

Martine use d'un langage très populaire. Philaminte le lui reprochera d'ailleurs ainsi que ses proverbes « traînés dans les ruisseaux des Halles » (v. 520) et c'est pour ce motif qu'elle est renvoyée. Par contraste, Martine rend plus sensible l'autre « jargon » opposé au sien, celui des femmes doctes et précieuses.

Chrysale demeure sympathique en prenant spontanément le parti de Martine dont il avoue apprécier les services :

« Non, vous demeurerez ; je suis content de vous. » (v. 426)

Les spectateurs sont donc en droit de se demander, à la fin de cette scène, si, malgré tout, Chrysale saura se montrer à la hauteur de sa tâche. Mais ils seront bientôt éclairés sur ce point.

ACTE II, SCÈNE 6

RÉSUMÉ

Philaminte, apercevant Martine, la poursuit à nouveau de sa colère. Chrysale essaie de la tempérer mais, menacé à son tour par son épouse, il prend lâchement son parti contre Martine.

COMMENTAIRE

Cette longue scène est sans doute l'une des plus vivantes et des plus animées des *Femmes savantes*. C'est aussi l'une des plus comiques (encore faudra-t-il nuancer cette affirmation).

Le comique

Cette scène cumule tous les effets comiques et l'on peut distinguer à l'analyse:

1. **Comique de composition** (voir l'étude ci-dessous): trois mouvements successifs où la tension croît chaque fois pour tomber *in fine* sur un effet de surprise ou une «chute» classique.

2. **Comique de situation**: la colère de Philaminte et, face à elle, la lâcheté et les revirements spectaculaires de Chrysale; le rôle de perroquet de Bélise reprenant systématiquement les propos de Philaminte.

3. **Comique de mœurs**: la satire des *Femmes savantes* reprend et amplifie (avec quelques modifications) celle des *Précieuses ridicules*.

4. **Comique de caractère**: l'affrontement de l'entêtement de Philaminte et de la pusillanimité de Chrysale; l'emportement de Martine; la lâcheté de Chrysale.

5. **Comique de mots**: le langage pédant des femmes «doctes», le savoureux patois de Martine, ses fautes de langage, ses confusions cocasses; le contraste entre ces deux formes de «jargon»; la vivacité des reparties.

6. **Comique de gestes et de mouvements**: la poursuite du début de scène entre Philaminte et Martine.

L'art et la souplesse de la composition

La tension ne cesse de monter tout au long de cette scène et le courroux de Philaminte ne sera finalement apaisé qu'avec le renvoi effectif de la «pauvre» Martine. Mais on peut distinguer trois grands mouvements:

1. La poursuite:

Philaminte en proie à une vive colère pourchasse Martine (qui fuit et demeure muette de frayeur) dont elle exige le départ immédiat et sans conditions. Elle est absolument impitoyable:

> «Vite, sortez, friponne; allons, quittez ces lieux,
> Et ne vous présentez jamais devant mes yeux.» (v. 429-430).

Chrysale s'interpose timidement mais, se voyant exposé lui aussi à l'indignation agressive de son épouse, il finit par céder (v. 443-444).

2. Enquête de Chrysale et nouveau revirement:

Profitant de l'apaisement momentané de Philaminte, Chrysale reprend la revendication de Martine et se risque à demander le motif d'une si grave sanction. Peu à peu, craintivement, Chrysale suggère des motifs de plus en plus graves pouvant justifier le renvoi de sa servante : bris de miroir ou de porcelaines qui sont à l'époque des objets précieux, vols d'importance (aiguière, plat d'argent), malhonnêteté...

L'effet de surprise qui déclenche le rire des spectateurs est produit par la révélation inattendue de Philaminte (v. 459 à 462). Elle reproche à Martine son langage familier assorti de manquements aux règles de la grammaire.

Nouveau jeu de virevolte de Chrysale dont la surprise indignée (« Du plus grand des forfaits je la croyais coupable ») se transforme bien vite en soumission apeurée (« Si fait [...] Je n'ai garde ! »).

3. Dernière tentative et capitulation de Chrysale :

Bélise intervient avec arrogance et bêtise. Elle approuve comme un perroquet et sans indulgence les reproches de Philaminte. Elles se querelleront jusqu'à emporter la victoire, c'est-à-dire en obtenant de Chrysale qu'il renvoie effectivement la servante. Cette fois Martine fait entendre sa voix :

– elle défend son point de vue et expose sa « philosophie » (v. 470 à 478). Tout d'abord elle fait un procès aux doctes femmes qui usent d'un jargon totalement hermétique à son entendement. Pour Martine (et sans doute pour Molière), la fonction essentielle du langage est de permettre une bonne communication entre les êtres ;

– elle se moque ensuite des nouvelles attaques de ses deux persécutrices qui condamnent ses solécismes, ses contresens, ses fautes d'accord et ses méprises. Son intervention finale est des plus amusantes (comique de langage), v. 479 à 503.

La vivacité des reparties : effets de stichomythie

Cette scène nous offre une magnifique illustration du procédé de « stichomythie » dont nous pouvons admirer les effets sur le rythme de l'action animée et plaisante. Les répliques se succèdent très rapidement, presque vers à vers, avec des sous-entendus confidentiels (par ex., v. 445-446, v. 505-506, v. 510), de vives interpellations successives (par ex., v. 433-434-436), des interruptions fréquentes (v. 432-437-458-463), des exclamations (par ex., v. 469-470 ou 479-480-485-494-500-508...).

Tout ceci traduit l'agitation intérieure des personnages, leur colère, leur indignation, leurs emportements, bref leurs vives émotions, leurs affrontements, leurs désaccords, leur excitation.

Faut-il condamner Chrysale?

Comme le déclarait Émile Fabre (*Notre Molière*): «Chrysale est un timide; la timidité est le trait essentiel de son caractère; il ne l'ignore pas et, par tous les moyens, il s'efforce de faire croire à sa fermeté, dont personne n'est dupe.»

Mais, malgré la sympathie que nous pouvons éprouver à son égard, il faut reconnaître que Chrysale est un personnage dangereux. L'espèce humaine produit malheureusement assez souvent des Chrysales, êtres faibles et lâches qui déçoivent cruellement notre confiance et peuvent, dans des circonstances tragiques, nuire gravement à leurs semblables!

La satire de Molière est également très pertinente si on l'applique au milieu conjugal: combien de Chrysales, dans certains couples, sont la source de petites ou de grandes tragédies familiales!

Molière précurseur des linguistes

Molière a toujours été fort intéressé par les problèmes posés par le langage. Ses nombreuses et pertinentes analyses, notamment dans *Les Femmes savantes* (pièce aussi agréable à lire qu'à voir jouer), prouvent ses grandes qualités de «linguiste» avant l'heure.

Reprenant les thèmes abordés dans *Les Précieuses ridicules* (1659), Molière les approfondit dans *Les Femmes savantes* (1672). Il condamne tous les «jargons».

Comme il s'est moqué du pédantisme des médecins usant et abusant du latin sentencieux pour mieux impressionner leurs malades et pour pallier leur ignorance scientifique, il ridiculise dans cette scène le maniérisme des «doctes» et des «prudes» qui veulent appliquer à la lettre les normes grammaticales énoncées par Vaugelas et qui cherchent à imposer à tous le même langage (le leur), celui de la classe sociale bourgeoise.

L'essentiel pour Martine est la fonction de communication du langage (fi donc des «jargons», des termes de métier, du maniérisme et de la pédanterie):

«Quand on se fait entendre, on parle toujours bien.» (v. 477)

Martine ne conteste pas le bien-fondé de la grammaire. Elle est la première à reconnaître:

«Tout ce que vous prêchez est, je crois, bel et bon.» (v. 473)

Ce qu'elle condamne, c'est l'interdiction qui lui est faite de s'exprimer comme le veut l'usage de son pays. Elle défend déjà en quelque sorte les langues régionales et le dialecte de son village en Ile-de-France qui lui paraît tout aussi respectable que le jargon des précieuses parisiennes.

RÉSUMÉ

Philaminte et Bélise se liguent contre Chrysale pour lui reprocher encore les fautes de langage de Martine. Excédé, Chrysale se met alors en colère. Il s'efforce d'abord de faire valoir son autorité de chef de famille et expose sa conception du rôle de la servante (v. 525 à 530).

Philaminte et Bélise font mine de mépriser ces conceptions terre à terre qui, selon elles, révèlent l'emprise grossière du corps («cette guenille») sur l'esprit, à l'encontre de leur idéal.

Chrysale s'emporte alors vivement (v. 558 à 614) et saisit l'occasion de faire le procès des femmes savantes en leur reprochant leur prétention à étudier la philosophie, l'astronomie, la poésie. Il les accuse de négliger leurs devoirs de maîtresses de maison. Enfin, Chrysale s'insurge contre ce «monsieur Trissotin» qu'il considère comme un mauvais poète flatteur et quelque peu «dérangé».

De guerre lasse, Bélise affiche son mépris indigné et quitte la place.

COMMENTAIRE

La composition

Du point de vue de la composition dramatique, nous pouvons distinguer deux grandes parties dans cette scène:

– un échange animé de répliques entre Chrysale et les deux femmes (Philaminte et Bélise) où il est d'abord question du comportement de Martine (v. 511 à 534), puis de philosophie ou plus exactement de métaphysique et quelque peu de beau langage (v. 535 à 558);

– une longue tirade de Chrysale qui, sous l'effet de la colère, s'adresse directement à Bélise (indirectement à Philaminte) en faisant état de tous ses griefs contre les «femmes savantes», en leur reprochant essentiellement de ne pas s'occuper des soins de leur ménage.

Le ton monte progressivement jusqu'à ce que Bélise, excédée, «abandonne la place».

Des « précieuses » aux « femmes savantes »

D'après la « peinture » qu'en font non seulement Chrysale mais (au début de la scène) Philaminte et Bélise, les femmes savantes ont des points communs avec les précieuses ridicules Cathos et Magdelon.

Leurs théories sur le mariage et sur l'éducation des femmes sont à peu de choses près identiques. Elles aiment aussi tenir salon avec les « beaux esprits » (Trissotin et autres « gens à latin ») et elles pratiquent également l'art de la conversation, « l'un des plaisirs les plus appréciés de la vie en société ». Mais on ne parle plus de « ruelles » et beaucoup moins d'intrigues et d'amusements mondains.

Les femmes savantes, à l'image de Philaminte, se piquent avant tout de philosophie et semblent moins priser les romans sentimentaux. Elles se veulent cartésiennes (contre les gassendistes). Elles sont davantage soucieuses de rigueur et c'est sans doute ce qui les pousse vers la grammaire et vers les sciences du langage alors en plein essor. Elles se réfèrent aux réformateurs et auteurs de dictionnaires comme Malherbe, Vaugelas, Guez de Balzac. Leur attention se porte sur les « lois du langage », la syntaxe, la norme, la propriété des termes, alors que les précieuses recherchaient plutôt l'emphase, les métaphores osées, les « expressions naïves et spirituelles », les bouts-rimés et autres jeux de mots, les « comparaisons éblouies ».

Elles se vantent de connaître les auteurs anciens (Plutarque) qu'elles s'efforcent de traduire. Surtout, le nouvel esprit scientifique les passionne : elles s'intéressent particulièrement à l'astronomie et autres sciences de la nature (voir Acte III, scène 2).

Molière et les grammairiens

Chrysale :

> « Vaugelas n'apprend point à bien faire un potage ;
> Et Malherbe et Balzac, si savants en beaux mots,
> En cuisine, peut-être, auraient été des sots. » (v. 532-534)

Remarquons bien que Molière ne nie pas l'importance ni l'influence bénéfique des gammairiens cités par Chrysale. Son but est de reprocher aux femmes qui se veulent « savantes » de se mêler de ces problèmes – réservés aux vrais spécialistes du langage – qui sortent de la compétence de ces bourgeoises.

De même, il reprochait à Monsieur Jourdain de prétendre à la noblesse. Chacun doit – sous peine de se ridiculiser – rester à la place qui lui est assignée par sa condition sociale.

À propos de **Malherbe**, relevons ce jugement intéressant du littérateur E. Geruzez (1799-1865):

«Malherbe fit pour la langue française ce que son maître, Henri IV, fit pour la France; grâce au roi, les Français furent une nation, et, par Malherbe, le français fut un idiome: l'un établit et maintint l'indépendance du pays, l'autre celle du langage.»

Au sujet de **Balzac**, citons le jugement de l'un de ses contemporains, l'écrivain (de second ordre) Pellisson, qui montre en quelle estime il était tenu mais qui révèle également les polémiques dont il était l'objet en son temps:

«Chacun sait combien notre langue doit au merveilleux génie de feu M. de Balzac: ne dissimulons point avec trop d'ingratitude, elle ne fut plus la même depuis qu'il commença d'écrire, il lui fit changer de face, et lui donna un nouveau tour. Tous ceux qui ont écrit depuis (je n'en excepte pas un) lui doivent une partie de leur style. Ces bonnes gens même qui sont encore abusés, et qui disent **parler Balzac**, quand ils veulent dire **mal parler**, s'ils parlent quelquefois raisonnablement, ils en ont l'obligation sans le savoir, à celui qu'ils outragent et qu'ils déchirent» (*Œuvres de Sarasin*, 1656).

Vaugelas (1585-1650) fut chargé de diriger les travaux de l'Académie française (1635) pour la rédaction du *Dictionnaire*. Il s'efforça dans ses *Remarques sur la langue française* (1647) de fixer le «bon usage» en puisant dans le langage de la Cour, des esprits «lettrés» et des grands écrivains. D'après Guerezez, «il comprit que, pour ne point paraître tyrannique, le tribunal académique devait reconnaître la souveraineté de l'usage, qu'il ne pouvait ni battre monnaie, ni rejeter arbitrairement de la circulation des mots qui avaient reçu l'empreinte du génie national».

Analyse du réquisitoire de Chrysale (plan méthodique)

Le plaidoyer de Chrysale est savamment composé. Molière semble vouloir surtout éviter l'artifice qui consisterait à aborder successivement des thèmes différents et juxtaposés. C'est ce qui explique l'analyse délicate de ce discours.

On peut, pour simplifier, distinguer trois thèses principales qui sont, par ordre d'apparition:

1. La peinture satirique des femmes savantes (v. 558 à 568).
2. Le problème de l'éducation des femmes (v. 571 à 584).
3. Les reproches plus «personnels» adressés aux deux femmes sur la manière dont elles gèrent sa «maison» (v. 593 à 614).

On peut tirer d'autres enseignements de l'examen attentif de ce passage:

– **Le niveau de vie du bourgeois Chrysale:** son haut train de vie qui dénote une fortune appréciable (v. 563; 565-566). En effet, l'achat d'une lunette astronomique et d'autres appareils scientifiques (meubles, brimborions) n'est pas à la portée du commun des mortels au XVIIe siècle. En outre, Chrysale entretient toute une domesticité dans une demeure qui paraît vaste et confortable (grenier, salon).

– **Le langage de Chrysale mérite attention:** il est réaliste et direct, sans emphase, sans métaphores précieuses ni formules «à effet». Il s'oppose à celui des deux femmes.

– **La faiblesse de Chrysale** est ici encore perceptible dans le fait qu'il feint à deux reprises – et de manière insistante (v. 558-559 et v. 608) – de s'adresser à sa belle-sœur Bélise alors qu'en fait, tout ce réquisitoire vise clairement Philaminte, son épouse. Cette précaution n'abuse pas les spectateurs qui s'en amusent. La ruse est néanmoins assez habile car elle a le mérite d'éviter l'intervention (tant redoutée) de Philaminte. Ainsi Chrysale peut-il à loisir «vider tout son sac».

– Remarquons encore qu'il **ne reproche pas aux femmes de s'instruire** (si par ailleurs elles s'acquittent de leurs tâches de maîtresses de maison); ce qu'il ne supporte pas, c'est la prétention qu'elles ont de vouloir s'égaler aux véritables savants (en quelque sorte aux «spécialistes»: les grands philosophes comme Descartes ou La Mothe Le Vayer): «Vous devriez... laisser la science aux docteurs de la ville» (v. 564). Molière hait par-dessus tout la sottise et la pédanterie.

– **Chrysale, par ailleurs, semble reconnaître l'évolution sociale** puisqu'il fait référence (par comparaison) aux mœurs des générations précédentes («Nos pères sur ce point [...]», v. 577 à 584). Ses reproches sont nuancés: il souligne et condamne particulièrement l'excès de ces tendances dans son propre ménage:

> «Et céans beaucoup plus qu'en aucun lieu du monde.» (v. 588)

L'art et la composition

Il importe de bien voir que Molière, par l'intermédiaire de Chrysale, ne procède pas à une peinture des mœurs «d'après nature». Ici, Molière est plus «écrivain» que metteur en scène. Il «compose» en réunissant les éléments satiriques les plus significatifs pour mieux mettre en relief les travers types des femmes savantes. Gardons-nous donc, encore une fois, de prendre ce réquisitoire comme une «imitation servile» de la réalité. La même remarque peut être faite à propos des *Précieuses ridicules* dont les

« portraits » ont été également « composés », comme le fera plus clairement La Bruyère quelques années plus tard dans ses *Caractères* (1688).

Interprétation du réquisitoire de Chrysale

Cette importante tirade de Chrysale nous confirme sa faiblesse car, de toute évidence, notre homme ne révèle « ce qu'il a sur le cœur », ne « lève le masque » et ne « décharge sa rate » que parce qu'il est sous l'emprise de la colère. Les deux femmes l'ont excédé et piqué au vif en le harcelant et surtout en lui reprochant son vocabulaire (emploi du mot « sollicitude » condamné par les puristes comme trop « recherché »). C'est aussi pour cette raison que nous devons nous garder de faire de Chrysale le porte-parole de Molière.

Ce beau morceau de bravoure a reçu diverses interprétations selon les époques. On a longtemps applaudi (durant deux siècles) ces affirmations, prises au premier degré ; puis on s'est insurgé (avec l'apparition des revendications féministes) contre cette conception étriquée et méprisante de la femme – perçue uniquement comme une épouse soumise et servile devant se satisfaire des seuls « soins du ménage ».

Ce n'est certes pas l'opinion de Molière. On se souviendra qu'il ridiculise Arnolphe dans *L'École des femmes* qui déclarait qu'« une femme habile est un mauvais présage » et qui précisait ainsi ses vues :

> « En un mot, qu'elle soit d'une ignorance extrême ;
> Et c'est assez pour elle, à vous en bien parler,
> De savoir prier Dieu, m'aimer, coudre et filer. »

Or, le « sage » Chrysale s'insurgeait contre ce point de vue :

> « Une femme stupide est donc votre marotte ? » (v. 100 à 103 et suiv.)

ACTE II, SCÈNE 8

RÉSUMÉ

Chrysale, se maîtrisant alors, aborde le sujet du mariage d'Henriette. Philaminte s'empresse de lui confier qu'elle a déjà réfléchi au problème et qu'elle destine Trissotin à Henriette. Elle se réserve le droit d'informer personnellement Henriette de sa décision irrévocable.

Cette courte scène, qui pourrait s'intituler «La revanche de Philaminte», est intéressante à deux points de vue essentiels:

– d'une part, elle nous confirme la faiblesse de Chrysale qui, dès qu'il se retrouve seul face à son épouse, s'empresse de mettre un terme à ses récriminations et qui, timidement, s'efforce de s'acquitter (mais est-ce bien le moment?) de la mission dont Ariste l'avait chargé (scène 4);

– d'autre part, elle met en évidence l'autorité proprement tyrannique de Philaminte qui interrompt brutalement la proposition de son époux relative au mariage d'Henriette.

L'opposition des caractères

Philaminte affirme ici sa supériorité sur Chrysale et montre le peu de cas qu'elle fait de son opinion : «Et je sais mieux que vous juger de ce qu'il vaut» (v. 634). Elle ne supporte aucune contradiction «La contestation est ici superflue» (v. 635). Prenant les devants, non seulement elle impose silence à Chrysale (qui d'ailleurs se garde bien d'insister), mais elle pousse l'audace jusqu'à l'obliger à informer lui-même sa fille de cette décision.

Le comique

Il provient tout particulièrement de l'attitude pusillanime de Chrysale qui est littéralement «paralysé» devant sa femme, par contraste avec son emportement de la scène précédente et avec la belle assurance qu'il affichait avec Ariste (scène 4). Le spectateur s'amuse également de son attitude après la sortie de Philaminte: on le voit «pantois», décontenancé, rageant contre sa faiblesse et embarrassé alors même qu'il voit Ariste s'avancer.

ACTE II, SCÈNE 9

RÉSUMÉ

Venu s'informer du succès de sa mission, Ariste apprend avec stupéfaction que non seulement Chrysale a essuyé un refus, mais qu'il a en outre accepté de prendre comme gendre Trissotin. Ariste s'insurge alors contre la faiblesse de son frère et s'efforce de stimuler sa volonté afin qu'il reprenne ses prérogatives de chef de famille et de père. Il le supplie de ne pas sacrifier l'avenir de sa fille en cédant aux caprices insensés («aux folles visions») de Philaminte.

Chrysale avoue sa pusillanimité et reconnaît qu'il s'est comporté lâchement («je vois que j'ai tort»). Il promet de se faire entendre et de choisir Clitandre pour gendre. Comme preuve de sa détermination, il demande à Ariste d'aller chercher Clitandre.

COMMENTAIRE

Composition de la scène

Cette scène est un bel exemple de la parfaite maîtrise que Molière a de l'art théâtral. Ceci apparaît à l'évidence au niveau du **rythme** qui fait souplement et harmonieusement alterner les répliques brèves (v. 641 à 657 et v. 697 à 710) et les tirades plus longues (v. 658 à 696), en réservant à ces dernières la partie centrale de la scène, de façon à retenir toute l'attention des spectateurs, au moment le plus propice. La scène, soigneusement «composée», s'articule clairement en trois mouvements:

1. L'aveu d'impuissance de Chrysale (v. 641 à 657)

Pressé par Ariste de rendre compte du résultat de son intervention en faveur d'Henriette et de Clitandre auprès de Philaminte, Chrysale retarde au maximum la révélation de son échec total qui se résume en définitive en un seul mot: «Rien» (effet de retardement des plus comiques).

Comiques également sont les atermoiements, les hésitations et les astuces de Chrysale pour essayer de justifier son inadmissible conduite et pour camoufler sa lâcheté.

Mais Ariste, non satisfait par de telles réponses, relance son interrogatoire. Au nom de Trissotin, il bondit: «Quoi! ce monsieur Trissotin...»

De nouveau, Chrysale réagit hypocritement (et toujours pour «sauver la face») en affirmant qu'il n'a pas accepté Trissotin comme gendre.

Toutefois (jusqu'où va la faiblesse humaine!) il entreprend de justifier son acte en arguant qu'il s'est tu sciemment (non par peur!) mais pour réserver son opinion: «pour ne m'engager pas», répond-il au vers 653; et il réitère: «J'ai cru qu'il était mieux de ne m'avancer point» (v. 657).

En somme, il s'agirait, selon lui, d'une question d'opportunité et de bonne tactique !

2. L'intervention d'Ariste, honnête homme lucide (v. 658 à 696)

La justification de Chrysale n'abuse point Ariste qui – connaissant son frère – comprend de suite les vraies motivations de son silence. La façon dont Ariste « opère » pour susciter chez son frère une prise de conscience salutaire (qui entraînera tout naturellement un revirement de comportement lui donnant la force d'affronter Philaminte) est tout à fait admirable.

Tout d'abord, Ariste use d'**ironie**, montrant par là à Chrysale qu'il n'est pas dupe de sa lâcheté (v. 658).

Puis il lui fait part, de façon très directe et sans aucun ménagement, de sa **réprobation** en faisant entendre à Chrysale la dure vérité que ce dernier se refuse à admettre (v. 660 à 663).

Ensuite (dans sa plus longue tirade), il agit véritablement comme un psychothérapeute soucieux d'aider son « patient » :
- il explique à Chrysale qu'il est personnellement responsable de l'ascendant que Philaminte a pris sur lui (v. 677 à 680) ;
- il use d'images concrètes fortes pour **piquer au vif l'amour-propre** de l'homme (sous-entendant qu'il se rabaisse ainsi au niveau des animaux) : « Et vous faites mener, en bête, par le nez... » (v. 682) ;
- il lui indique la raison profonde de sa **lâcheté** : le manque de volonté (v. 686) ;
- il le rappelle à son plus élémentaire **devoir de père** : « Vous laisserez sans honte immoler votre fille » (v. 687) ;
- enfin, il révèle clairement à Chrysale l'influence pernicieuse de Trissotin.

3. Le revirement de Chrysale et son apparente détermination (v. 697 à 710)

L'efficacité d'une telle argumentation se révèle immédiatement. Chrysale semble avoir compris la leçon, comme le prouvent, dans le dernier mouvement de la scène, la reconnaissance de ses torts (v. 697), la condamnation de Philaminte (v. 699-700-701-702) et la promesse d'une intervention ferme (v. 703 à 705) et immédiate (convocation de Clitandre, v. 707-708). La détermination de Chrysale semble acquise (dernière réplique teintée de révolte, v. 709-710). Mais les spectateurs, qui connaissent maintenant l'extrême faiblesse du personnage, sont en droit de se demander s'il ne faiblira pas une nouvelle fois sous l'influence de son épouse.

ACTE III, SCÈNE 1

RÉSUMÉ

Les femmes savantes, Philaminte, Bélise et Armande, font cercle autour de Trissotin, dans leur salon bourgeois. Elles manifestent leur vive impatience d'entendre les vers du «bel esprit» qu'elles adulent. Trissotin se fait un peu prier, il transpire d'orgueil en savourant un succès qu'il sait acquis d'avance.

COMMENTAIRE

Une «grand-messe» de la préciosité

Après la déclaration de guerre de Chrysale (fin de l'acte précédent), nous changeons complètement de décor. Molière nous convie à une véritable représentation dans le grand salon bourgeois de Philaminte. Nous nous préparons à une cérémonie quasi sacrée, à une sorte de grand-messe de la préciosité. Les trois femmes «savantes» font assaut de civilité et de courtoisie autour de leur grand prêtre, du cher «bel esprit» qu'elles ont élu, bref de ce monsieur Trissotin dont c'est la première apparition – tant attendue – sur la scène.

Les louanges et les flatteries pleuvent avant même que notre homme n'ait ouvert la bouche pour déclamer son épigramme inédite.

Recueillement religieux, impatience incontrôlée: le poète officiant se laisse tendrement supplier, feint hypocritement de fausses pudeurs.

Le langage précieux est naturellement de rigueur avec ses outrances, ses hyperboles insupportables («je brûle... l'on se meurt.. ce sont charmes...»), avec, comme il se doit, ses métaphores filées, osées et ridicules: «ce sont repas friands qu'on donne à mon oreille...», «c'est un enfant tout nouveau-né... j'en viens d'accoucher...», «il suffit de son père... Votre approbation lui peut servir de mère.» Les spectateurs pouffent devant cette mise en scène du plus haut ridicule.

Le comique provient donc de l'atmosphère, du langage précieux, de la situation (ces femmes avides autour d'un homme qui va «accoucher» d'un enfant... poétique!). Cet empressement, ces insistances, cette retenue maniérée et autosatisfaite d'un Trissotin efféminé, ce renversement des rôles et tous ces éléments réunis sont d'un comique hilarant. Nous devenons nous aussi des voyeurs malsains. Le suspens sera de courte durée.

Molière réitère et se surpasse

Nous ne pouvons pas éviter d'établir le rapprochement entre cette scène et son «pendant» (antérieur de treize années) dans *Les Précieuses ridicules* (la fameuse scène 9 qui est au cœur de cette pièce):

> MAGDELON. – «Je vous avoue que je suis furieusement pour les portraits; je ne vois rien de si galant que cela.
>
> MASCARILLE. – Les portraits sont difficiles et demandent un esprit profond: vous en verrez de ma manière qui ne vous déplairont pas.
>
> CATHOS. – Pour moi, j'aime terriblement les énigmes.
>
> MASCARILLE. – Cela exerce l'esprit, et j'en ai fait quatre encore ce matin, que je vous donnerai à deviner.
>
> MAGDELON. – Les madrigaux sont agréables, quand ils sont bien tournés.
>
> MASCARILLE. – C'est mon talent particulier; et je travaille à mettre en madrigaux toute l'histoire romaine.
>
> MAGDELON. – Ah! Certes, cela sera du dernier beau, j'en retiens un exemplaire au moins, si vous le faites imprimer.» (*Les Précieuses ridicules*, scène 9.)

ACTE III, SCÈNE 2

RÉSUMÉ

Henriette, qui cherche à fuir cette société déplaisante, est rappelée à l'ordre par Philaminte qui l'invite à écouter «de toutes ses oreilles» et à participer au bonheur général.

Trissotin propose d'enrichir son programme en commençant par donner un sonnet dont il se dit très fier. Approbation générale et nouvelles impatiences.

Dès le premier quatrain, le poète est interrompu, chacun voulant commenter ce «joli début». Le même processus se renouvelle pour le second quatrain et pour les deux tercets. Philaminte conclut au nom de tous:

«Admirable, nouveau
Et personne jamais n'a rien fait de si beau.»

Trissotin enchaîne avec son épigramme au titre «rare» qui se termine par un trait de calembour du plus mauvais goût.

Philaminte, à son tour sollicitée par Trissotin, annonce qu'elle se consacre plus particulièrement à la mise au point des statuts d'une académie féminine. On y traitera de sciences, de langage, de philosophie (Aristote, Platon, Épicure, Descartes sont évoqués), d'astronomie.

Mais l'activité essentielle de cette académie concernera le langage que l'on s'attachera à « purger » de ses « syllabes sales » et des mots vulgaires « qui font insulte à la pudeur des femmes ». L'obséquieux Trissotin donne sa pleine approbation à « ces admirables projets ».

COMMENTAIRE

Composition de la scène

Cette longue scène satirique est d'une importance capitale pour la compréhension de la psychologie et de l'idéal des femmes savantes. Elle est savamment composée par Molière qui nous offre un portrait sous forme de dialogue.

En outre le mouvement général s'organise autour de Trissotin, personnage central qu'il s'agit de ridiculiser au maximum (Molière voulant se venger des affronts infligés par l'abbé Cotin, quelques années auparavant).

Cette scène se compose essentiellement d'une longue conversation dont voici les principales articulations.

1. Le préambule (v. 711 à 745)

C'est du théâtre dans le théâtre : les personnages s'installent, prennent place, s'apprêtent pour le spectacle. Philaminte vérifie si tout est bien en ordre afin que les conditions d'écoute optimales soient réunies. Le comique conserve ici des traces de « farce » avec les personnages qui font diversion : Henriette et le laquais jouent en effet les trouble-fête et agacent la bonne société.

2. La double prestation de Trissotin (v. 746 à 841)

a. Lecture et commentaires du sonnet.

b. Lecture et commentaires de l'épigramme.

C'est le morceau de bravoure de la scène ou, si l'on veut adopter la métaphore précieuse de ce « cercle », le plat de résistance qui se compose de deux mets : « le ragoût » (sonnet) et une « friandise » (l'épigramme).

La vanité de Trissotin apparaît d'emblée: par pure bonté, il accorde à ses admiratrices un «cadeau» supplémentaire non prévu au programme: son sonnet.

Pressé par les femmes savantes de lire ses vers, applaudi et sans cesse interrompu, c'est à peine si Trissotin parvient à se faire entendre. Il doit suspendre sa lecture après la première strophe du sonnet (qu'il se croit obligé de reprendre). Il en va de même à la fin de la seconde strophe et les trois précieuses l'interrompent de nouveau au beau milieu des tercets.

Quant à l'épigramme, elle est «hachée» en menus morceaux (par trois interruptions).

Molière use du comique de répétition: nous retrouvons à deux reprises les mêmes effets, c'est-à-dire impatience des femmes, lecture souvent interrompue par des exclamations admiratives, des commentaires, des louanges dithyrambiques et des pâmoisons.

Vaines paraphrases: Attardons-nous aux commentaires pour mettre en évidence leur inanité ridicule. Les trois femmes n'ont visiblement aucune notion de ce que doit être une véritable explication de texte ou un commentaire intelligent. Toute leur compétence se limite à de **vaines paraphrases**.

– **Philaminte**, la première, se borne en dix-sept vers à insister (sans l'expliquer) sur le «quoi qu'on die» qui est sans doute la plus grande faiblesse du sonnet puisqu'il s'agit de toute évidence d'une «cheville». Elle insiste également sur l'association de deux adverbes qui alourdissent considérablement la première strophe (v. 769-770), puis elle s'efforce maladroitement de mettre en valeur le sens d'une métaphore (v. 812) en renversant l'ordre syntaxique. Pour le reste, elle se borne à répéter quelques vers qui lui semblent particulièrement réussis.

– **Bélise**, comme toujours, n'est que le perroquet de sa belle-sœur et d'Armande qu'elle se contente d'approuver (v. 785, 793, 811, 814). Comme les deux autres femmes, elle répète bêtement certains vers des poèmes: «loger son ennemie» (à deux reprises) ou bien encore, elle pousse de petits cris de pâmoison, en chœur avec Armande (v. 788 et 804). Passons sur sa honteuse «déclinaison» finale (v. 838) qui nous confirme – s'il en était besoin – son incurable bêtise.

– **Armande** pour sa part, se borne à louanger bassement. Elle s'essaie une seule fois au commentaire et c'est pour donner sottement à l'adjectif «ingrate» deux connotations reprises et alourdies par deux relatives successives.

Inutile de dire quelle source de comique constitue cette parodie de commentaire pour les spectateurs qui assistent, éberlués, au numéro de cirque de ce trio de sottes hystériques qui se disent expertes en beau langage!

3. Le projet féministe de Philaminte (v. 844 à 926)

Ce dernier mouvement de la scène nous fait abandonner provisoirement les manières des précieuses pour nous dépeindre plus spécifiquement l'idéal des «femmes savantes».

Philaminte cherche surtout à «éblouir la galerie» grâce à des références susceptibles d'impressionner les néophytes. Elle cite Platon et plus précisément son traité de la *République* qu'elle interprète à sa façon, révélant son ignorance. Et flatteurs d'applaudir: Trissotin et Armande ajoutent sans scrupules d'autres grands noms pour pimenter le projet. C'est ainsi que l'on glose sans cohérence et surtout sans la moindre notion philosophique sur le «péripatétisme» (Trissotin) et que l'on mêle, «en vrac», les théories d'Épicure (Armande), de Descartes (Trissotin), et des stoïciens (Philaminte).

Tous les sujets qui évoquent de près ou de loin des préoccupations pseudo-scientifiques sont abordés pêle-mêle: la philosophie vient en premier lieu, suivie par les sciences de la nature, l'astronomie, la grammaire, l'histoire, la morale et la politique (Armande, v. 893 et 894). Mais l'intérêt majeur des femmes savantes se porte sur le langage dont elles rêvent d'être les immortels censeurs. Leur pruderie les incite tout particulièrement à «purger» le vocabulaire de ce qu'elles nomment les «syllabes sales», celles qui blessent outrageusement leur pudeur (v. 909 à 918). On reconnaît bien là l'esprit «janséniste» dont parlait Ninon à propos de l'amour. Cet esprit qui voit le mal partout, s'offusque de ces sonorités équivoques «qui dans les plus beaux mots produisent des scandales» (v. 914).

Derrière ces théories transparaissent les véritables motivations de ces impitoyables castratrices. Ce qu'elles veulent en réalité, c'est prendre une revanche sur la séculaire domination masculine. Philaminte ne s'en cache d'ailleurs nullement (v. 853 à 856). Ne nous y trompons point: ce sont déjà les premières revendications féministes.

Trissotin était-il Cotin?

On sait que Molière, deux jours avant la première des *Femmes savantes*, s'était défendu, dans une célèbre harangue adressée au public, de vouloir ridiculiser l'abbé Cotin (alors aumônier du roi et prédicateur à la Cour). Néanmoins, comme le dit Georges Couton, cette précaution n'était en fait qu'«un de ces démentis qui confirment» et personne n'eut de doute sur le personnage visé, surtout lorsqu'on entendit les poésies écrites de sa plume. «Le nom de Trissotin était transparent. Il avait eu une forme plus transparente encore: Tricotin. Il n'est pas impossible que la pièce même ait été connue d'abord sous ce nom. Malicieusement et sous prétexte de mieux déguiser, Molière changea le nom en celui de Trissotin, "équivalent à trois fois sot", dit le **Menagiana**. On a dit aussi que Molière avait fait acheter au fripier un des vieux habits de l'abbé Cotin pour en vêtir son Trissotin, et même qu'il avait donné au personnage un masque à la ressemblance de l'abbé. Ce sont là sans doute des embellissements» (G. Couton, *Molière, Œuvres complètes*, La Pléiade, Gallimard, Paris, 1971.)

Les «savantes ridicules»

Il importe de bien voir que dans *Les Femmes savantes* (et tout particulièrement dans cette scène), Molière ne s'est pas contenté de rééditer le portrait satirique adressé aux précieuses, mais qu'il s'attaque à une nouvelle tendance résultant de l'évolution des mœurs: les prétentions pédantes de certaines femmes (nobles et bourgeoises) à la culture scientifique. Ces nouvelles «doctes» se contentent en fait d'un «vernis» très superficiel d'érudition. G. Couton souligne bien cette évolution:

«Cette pièce [*Les Femmes savantes*] poursuit donc la lutte contre la préciosité, mais avec des aspects nouveaux et d'importance: la place faite à la science, la place faite à la philosophie dans les préoccupations des femmes. Signe des temps: on voit alors se multiplier les conférences et les livres, qui entendent faire accéder les femmes à une culture scientifique et philosophique. Richesource, Lesclache, Bary mettent à la portée d'un public non spécialement érudit mais curieux les éléments de la philosophie. Obscurément, et de façon encore très modeste, on s'achemine vers le siècle des Lumières» (G. Couton, *op. cit.*, t. II).

René Doumic reprend cette opinion à partir de l'examen de la pièce:

«Treize ans après *Les Précieuses ridicules*, Molière reprend la campagne qu'il avait inaugurée. Chez Philaminte la préciosité n'est pas moindre que chez Cathos et Magdelon, et les vers de Trissotin valent ceux de Mascarille. Mais à la préciosité s'est ajouté le pédantisme. Ces dames ne se contentent plus de romans et de petits vers; de la grammaire elles se haussent à la philosophie, et de la philosophie à l'astronomie. Philaminte est délibérément une femme auteur; elle fait des vers et veut qu'on les loue; même elle est à la veille de fonder une académie!» (R. Doumic, *Le Misanthrope de Molière*, Librairie Mellottée, 1937).

« Nous voulons purger et la prose et les vers » : les précieuses avaient-elles raison ?

À propos des écrits qui circulaient dans les salons, Roger Lathuillère nous rappelle que « la trivialité se donne fréquemment libre cours, même chez des auteurs et dans des œuvres que l'on croirait d'une délicatesse plus grande. Le *Recueil de poésies de divers auteurs*, paru en 1661, contient un poème de Saint-Évremond, intitulé « Sur un pet qu'un Amant fit en présence de sa maîtresse » ; huit strophes de six vers chacune développent un si noble sujet avec une grande dépense d'esprit. Au moment où les rondeaux font fureur à l'Hôtel de Rambouillet, les coquets, Voiture l'un des premiers, en compose d'une singulière verdeur. **L'abbé Cotin** publie en 1650 un *Nouveau Recueil de divers rondeaux* en deux parties : "Après l'impression des énigmes, il eût manqué quelque chose au divertissement des dames", dit-il dans la préface de la première partie, alors que dans celle de la seconde il précise : "L'on a retranché tout ce qui aurait pu blesser la bienséance, ou faire quelque violence à la pudeur des dames." En réalité, parmi ceux qui ont été conservés, plusieurs reposent sur des sous-entendus grivois. Lorsque la mode des énigmes chasse celle des rondeaux, on se met à en faire sur les sujets les plus variés, et même saugrenus ou déshonnêtes. **Cotin** les compile pieusement et les publie » (*La Préciosité*, éd. Gros, Genève, 1969).

Dans ces conditions, on s'explique mieux la réaction de Philaminte et de ses consœurs et leur souci de décence et de purisme, ainsi que leur volonté d'épuration. Cependant, l'excès en tout est néfaste : des termes comme *poitrine*, *culotte* furent proscrits par les précieuses. Dans un traité de l'éloquence française, Sorel présente une marquise « requérant que, pour éviter les occasions de mal penser, que donnent souvent les paroles ambiguës, le mot de *conception* ne soit tenu pour français qu'une fois l'an, et ce seulement à cause de l'épithète *immaculée*, et que, pour le surplus de l'année, à yceluy mot de *conception* soit subrogé celuy de *penser* » ... Trop de scrupules finissent par engendrer le ridicule !

ACTE III, SCÈNE 3

RÉSUMÉ

Dès l'annonce de l'arrivée d'un ami de Trissotin, Henriette cherche de nouveau à fuir mais elle est vivement rappelée à l'ordre par Philaminte.

Vadius est présenté à la compagnie précieuse comme un «savant», un «bel esprit» et un auteur féru de grec. À l'évocation de cette dernière faculté, chacun s'esclaffe d'admiration (à l'exception d'Henriette).

Vadius est aussitôt invité à produire quelque pièce de sa composition.

Puis les deux confrères se congratulent mutuellement en louant leurs œuvres respectives dans un assez long duo au cours duquel ils énumèrent à tour de rôle leurs productions littéraires.

Tout à coup le ton se gâte lorsque Trissotin demande à Vadius ce qu'il pense d'un sonnet «sur la fièvre qui tient la princesse Uranie». Vadius, en déclarant que cette œuvre est sans valeur et même «misérable», déclenche la mauvaise humeur de Trissotin qui est l'auteur de ce sonnet. Le «savant» tente alors de se reprendre en prétextant sa distraction, mais en vain. Trissotin, furieux, l'agresse méchamment en déclarant sa haine pour les ballades.

Les deux hommes en viennent aux insultes les plus cuisantes, celles qui portent sur la valeur de leurs ouvrages et sur leur réputation personnelle. Chacun s'en réfère à Boileau qui les critique tous deux dans ses *Satires*. Ils se jurent vengeance et Vadius, excédé, se retire.

COMMENTAIRE

Les sources du comique

Le comique provient du retournement brutal de situation. Aux éloges et aux congratulations (et après une simple réplique de Vadius, v. 992), l'atmosphère se renverse et la dispute va s'aggravant jusqu'aux insultes et aux menaces. Cet effet comique est renforcé par la colère des deux hommes (précédemment si polis) qui sont subitement devenus incapables de maîtriser leur haine farouche et profonde. Notons le tutoiement et la grossièreté des insultes indignes de telles «sommités». Le comique de mots accompagne donc et accentue le comique de caractère.

Contre les hommes de lettres

Au-delà des individus (Cotin et Ménage) qu'il ridiculise, Molière élargit et généralise sa satire en réglant un vieux compte personnel avec les hommes de lettres qu'il ne prisait guère en raison de leur pédantisme, de leur vanité, de leur «cuistrerie» et du mépris dont ils accablaient les comédiens. Ce faisant, Molière se servait donc de la seule arme dont il disposait, le théâtre, pour s'en prendre à ses ennemis.

Plan de la scène

On peut nettement distinguer les trois principaux mouvements selon lesquels cette scène est construite.

1. L'entrée et l'accueil de Vadius (v. 927 à 952)

Cette «présentation» solennelle est momentanément interrompue par la tentative de fuite d'Henriette et l'échange amer de propos entre la jeune fille et Philaminte (premier effet comique dû au rapide changement de comportement de Philaminte qui passe de la politesse obséquieuse au ton sévère et réprobateur). Un second effet comique est provoqué par la seule énonciation du mot «grec» (v. 943 à 946). Cet effet est encore accru par l'attitude de Vadius indiquée en didascalie (*Il les baise toutes, jusques à Henriette, qui le refuse*).

2. Les mutuelles congratulations des deux poètes qui se complimentent (v. 953 à 986)

Trissotin et Vadius font assaut de civilité, louant de manière hyperbolique leurs œuvres respectives par un échange rapide de compliments dithyrambiques (effet de stichomythie des répliques; vers «en cliquetis d'épée»). Molière en profite pour généraliser en dressant un «panorama» de tous les genres littéraires particulièrement prisés et pratiqués par les précieux: églogues, odes, chansonnettes, sonnets, rondeaux, madrigaux, ballades, bouts-rimés... Jamais Molière ne s'appesantit.

3. La dispute (v. 987 à 1044)

Nous retrouvons le même procédé de stichomythie mais, cette fois, au service de la querelle. Alors les répliques s'échangent comme de véritables passes d'armes.

Il est inutile de souligner l'effet hautement burlesque de ce mouvement auquel s'ajoutent le renversement de situation, le comique de mots (les insultes), le tutoiement, la fatuité des rivaux excités par une colère tout à fait contraire à leur image sociale.

Les caractères

Vadius: Rappelons que Molière n'avait guère de griefs contre Ménage (Vadius dans la pièce) qui était à son époque considéré comme un savant respectable. René Bray nous en donne le portrait suivant:

« Voici Vadius: Gilles Ménage (1613-1692) est un contemporain de Benserade, mais il pèse d'un autre poids. Érudit, grammairien, c'est un humaniste qui n'est pas méprisable; il a écrit des *Poemata* en quatre langues: latin, grec, français, italien. Est-ce un pédant? On ne l'a pas cru avant Boileau. Plutôt un galant: il fréquentait le salon Scudéry; Mme de Sévigné et Mme de La Fayette l'honorèrent de leur amitié; il se plaisait dans le frôlement des coquettes. »

Dans *Les Femmes savantes*, Vadius nous apparaît beaucoup plus modeste et plus sympathique que Trissotin. Le laquais Lépine nous en fait un admirable portrait-éclair qui nous renseigne immédiatement sur le personnage:

« Il est vêtu de noir et parle d'un ton doux. » (v. 927)

Trissotin précise: c'est un « savant » qui « sait du grec, Madame, autant qu'homme de France ». C'est un homme réservé et poli qui s'excuse de troubler l'assemblée qui l'accueille. Il ne cède à l'emportement qu'en raison de l'extrême agressivité humiliante d'un Trissotin fou de rage. Au cours de la dispute, il se montre moins cynique et moins méchant que Trissotin et cherche plutôt à se défendre. Ce n'est qu'à la dernière réplique (en réponse aux menaces de Trissotin) qu'il lance à son tour – et pour ne point être en reste – un défi à son confrère.

Molière comme toujours vise, par-delà les individualités qu'il met en scène, tous les pédants qui leur ressemblent (et ils étaient alors nombreux). Ainsi, dans La *Comédie des Académistes*, Saint-Évremond fait état d'une semblable querelle (compliments suivis de dispute).

Philaminte joue parfaitement son rôle de maîtresse de maison et d'animatrice de son salon littéraire. Elle accueille « à bras ouverts » l'ami de Trissotin (sur sa simple recommandation), prie la « compagnie » de se montrer digne d'un tel savant. Ayant l'œil à tout, elle retient avec autorité Henriette qui voulait de nouveau profiter des circonstances pour s'enfuir. Elle sait s'esclaffer sur commande, encourageant ses amies à l'imiter. Elle se tait ensuite d'abord par souci des convenances (pour laisser les deux hommes se complimenter). Mais, lorsqu'ils en viennent aux insultes, elle risque une intervention: « Eh! Messieurs, que prétendez-vous faire? », sans se risquer plus loin tant elle est stupéfaite et confuse. Elle sait qu'il est prudent de ne point prendre parti.

Satire des mœurs

La décisive vengeance de Molière contre Cotin et Ménage

La rancœur de Molière contre Cotin et Ménage remonte à la *Querelle de l'École des Femmes*. En effet, Cotin avait attaqué avec mépris les comédiens en général et Molière en particulier, en les accusant d'impiété. Dans son ouvrage intitulé *La Critique désintéressée sur les satires du temps*, Cotin écrivait: «Que peut-on répondre à des gens qui se sont déclarés infâmes par les lois, même des païens? Que peut-on dire contre ceux à qui l'on ne peut rien dire de pis que leur nom?»

Et dans *La Satire des satires* attribuée au même Cotin, on pouvait lire :

«J'ai lu de mauvais vers sans blâmer le poète,
J'ai lu ceux de Molière et ne l'ai point sifflé.»

On se souvient aussi que «Cotin et Ménage étaient allés, au sortir de la première du *Misanthrope*, sonner le tocsin à l'Hôtel de Rambouillet, disant que Molière jouait ouvertement le duc de Montausier» (selon l'abbé d'Olivet).

En outre, l'abbé Cotin était «l'une des bêtes noires de Boileau. La *Satire III* le nomme désagréablement, la *Satire IX* est féroce (G. Couton). Et n'oublions pas les rapports d'amitié qui lient Boileau et Molière. Ce dernier a donc une double raison d'exercer sa vengeance sur Cotin. «Il ne s'en priva pas. L'abbé Cotin est infiniment plus mal traité que Ménage : il le représente cauteleux, prêt à épouser de force, par amour de l'argent, Henriette. Non certes que l'abbé Cotin eût l'intention d'épouser qui que ce fût: l'accusation d'avidité n'en demeure pas moins» (G. Couton, *op. cit.*).

La vengeance de Molière est particulièrement incisive, notamment aux vers 983 et 984:

TRISSOTIN. – «Si la France pouvait connaître votre prix...
VADIUS. – Si le siècle rendait justice aux beaux esprits...»

Molière fait ici allusion à un événement antérieur. En 1665 et 1666, le roi avait largement gratifié nos deux hommes de lettres en allouant une somme de 1 200 livres à Cotin et de 2 000 livres à Ménage (autant qu'à Corneille), alors que Molière touchait beaucoup moins. Mais en 1667, les deux hommes furent rayés de la liste des gratifications. Ménage s'en prit alors à Colbert en lui adressant un poème amer lui rappelant qu'il était imprimé dans toute l'Europe: «Aux yeux de Colbert, je ne suis ni savant ni bel esprit.» On ignore quelle fut la réaction de Ménage.

Ménage, nous l'avons dit, ne déplaisait pas à Molière autant que Cotin. C'est pourquoi les attaques sont moins virulentes contre lui à qui il est surtout reproché le plagiat (mais c'était un fait bien connu).

Molière voulait aussi ridiculiser les célèbres disputes entre Cotin et Ménage: elles défrayaient la chronique. On se souvenait entre autres de la burlesque «querelle des pédants» où ils s'affrontèrent méchamment et dont la *Ménagerie* (de Cotin, écrite en 1659-1660) est un épisode remarquable. Déjà Cotin reprochait à Ménage ses plagiats dans une épigramme intitulée «Ménage pillard»:

> «Ménage prend à toutes mains
> Pille Français, Grecs et Romains.»

On pouvait également y lire:

> «L'abbé Cotin s'en moque [de Ménage] à haute voix,
> Boileau sous cape, et le gaillard Molière
> Promet de vous une farce au bourgeois.»

Cotin, en appelant ainsi la colère de Molière contre Ménage, ne se doutait guère que cette colère se retournerait contre lui et qu'elle l'atteindrait au point de ne pouvoir s'en remettre. En effet après ce coup fatal, il se taira dix ans durant, soit jusqu'à sa mort.

ACTE III, SCÈNE 4

RÉSUMÉ

Dès le départ de Vadius, Philaminte, après avoir rapidement exposé son désir de réconcilier les deux hommes, revient au projet de mariage d'Henriette. Elle explique ses motivations à la jeune fille: une femme ne doit point se contenter d'être jolie (la beauté n'étant qu'une «fleur passagère»); elle doit avoir de l'esprit et être cultivée. Or c'est, selon elle, ce qui fait le plus défaut à Henriette. Afin de remédier à cette carence inadmissible qui blesse son amour-propre autant que sa réputation (v. 1061-1062), Philaminte destine sa fille à «un homme plein d'esprit» et lui désigne sur-le-champ Trissotin. Ce choix est impératif (v. 1074). Philaminte brandit la menace (v. 1075 et 1083-1084) lorsque Henriette tente de manifester son désaccord (v. 1075 et 1082-1083).

Un pénible entretien

Cette scène, qui nous ramène à l'intrigue principale, contraste vivement avec la précédente car elle n'est nullement comique. Elle montre le pouvoir exorbitant que les parents exerçaient au XVIIe siècle sur leurs enfants, notamment en ce qui concernait leur mariage. Henriette n'est pas libre de choisir l'homme qui lui plaît ; elle doit se conformer à la décision impérative de sa mère.

Philaminte révèle ici son caractère tyrannique qui confine à la méchanceté. C'est aussi son ambition personnelle qui est en jeu, son amour-propre, sa réputation de femme savante (v. 1061-1062). De plus – prévoyant l'opposition d'Henriette à son projet – elle n'hésite pas à user de la menace (v. 1075 et 1082 à 1085). Et c'est par là qu'elle nous est franchement antipathique. Avec Molière, nous prenons le parti et la défense d'Henriette.

Les caractères

Henriette définit elle-même son idéal de vie. Elle plaide pour sa liberté (v. 1055) et manifeste sa répugnance pour les mondanités précieuses (v. 1056 à 1060). Sa seule « ambition » (fort compréhensible) est d'être heureuse, quitte à passer pour « bête » (ce qui est loin d'être le cas – et elle le sait).

Henriette est frappée de stupeur en apprenant la mauvaise nouvelle (v. 1075). Mais elle ne peut s'opposer directement à la décision maternelle. Sa seule tentative (v. 1075) est déjà considérée comme une rébellion. Au moins peut-elle déclarer à Trissotin qu'il aurait tort d'espérer son consentement (v. 1082-1083).

Bélise intervient intempestivement dans cette discussion sérieuse. Elle fait diversion (c'est la seule note comique de cette scène). Sa « douce folie » réapparaît.

Trissotin tente de justifier son indigne comportement en prétendant qu'il s'est emporté non par amour-propre mais pour « défendre » le « jugement » de Philaminte. Ce mauvais prétexte n'a pour effet que de souligner sa profonde hypocrisie.

ACTE III, SCÈNE 5

RÉSUMÉ

Armande approuve la décision de Philaminte et avoue qu'à la place d'Henriette, elle se serait réjouie d'un si beau parti. Mais ses conceptions lui interdisent d'envisager le mariage. En sœur aînée, elle s'offre en exemple en exhortant Henriette à se soumettre à la volonté souveraine des parents, tout particulièrement à l'«entière puissance» d'une mère.

COMMENTAIRE

La revanche d'Armande

La précieuse Armande (dont le langage est tout à fait «cornélien» aux v. 1086-1087) s'emploie à flatter sa mère dont elle approuve solennellement la décision, tout en faisant mine d'envier sa sœur cadette. En son fort intérieur, il n'est pas impossible qu'elle soit «amère» car ce choix lui enlève le seul homme qu'elle ait vraiment aimé. Mais elle est trop fière pour l'avouer ouvertement. À l'inverse de sa sœur, Armande, «idéaliste», met un point d'honneur à ressembler aux héroïnes des romans sentimentaux qui sont sa «nourriture» quotidienne.

Nous la soupçonnons cependant de se réjouir de la situation qui lui permet de prendre sa revanche sur Henriette qui l'avait contrariée et blessée lors de leur premier entretien (Acte I, scène 1).

Henriette, en situation d'infériorité, lui répond en usant d'abord de l'ironie (v. 1088 et 1090) puis elle se montre plus agressive et quelque peu impertinente dans sa dernière réplique:

> «Si j'avais, comme vous, les pédants dans la tête,
> Je pourrais le trouver un parti fort honnête.» (v. 1093-1094)

ACTE III, SCÈNE 6

RÉSUMÉ

Chrysale, accompagné d'Ariste, fait subitement irruption avec Clitandre et demande solennellement à Henriette d'accepter ce jeune homme pour mari. Armande ironise et s'insurge, invoquant le devoir d'obéissance à sa mère. Chrysale se fâche et prie fermement Armande de ne se point mêler de cette affaire. Il la charge d'informer Philaminte du caractère irréversible de sa décision. Ariste et Clitandre, transportés de joie, se réjouissent de cette inhabituelle fermeté.

COMMENTAIRE

Enfin Chrysale s'affirme...

L'effet comique provient ici du renversement subit de situation. Sans doute fort étonnée par l'attitude de son père et par sa décision absolument inattendue qui vient combler ses vœux, Henriette en profite pour rappeler à son tour à sa sœur le devoir d'obéissance filiale.

Armande, amère, tente d'ironiser puis elle rappelle le désaccord de Philaminte. Chrysale, irrité par ces propos qui dérangent ses objectifs et risquent de menacer ses plans, fait taire la «péronnelle» en la renvoyant à ses principes.

Mais son empressement à conclure «l'affaire», sa colère (peur d'être contrarié et de céder de nouveau) ainsi que l'excès de sa joie, sont des signes qui dénotent la crainte secrète (inavouable) d'un nouvel échec.

Les spectateurs s'interrogent: a-t-il véritablement et définitivement dominé sa faiblesse de caractère?

ACTE IV, SCÈNE 1

RÉSUMÉ

Armande rapporte à sa mère l'épisode précédent (dernière scène de l'Acte III) en accablant Henriette. Elle insiste sur la désobéissance de sa sœur aux ordres maternels et considère cette attitude comme une inadmissible provocation. Elle critique également le comportement de Clitandre.

Philaminte, fort irritée par ces nouvelles, annonce qu'elle va intervenir afin de faire respecter ses volontés.

L'habile tactique d'Armande

Cette scène s'inscrit tout naturellement dans la suite logique de l'acte précédent. Nous constatons qu'Armande, blessée par le comportement de sa sœur, est animée d'un vif désir de revanche. Entre-temps, elle s'est empressée de rejoindre sa mère qui seule peut satisfaire son intention de faire obstacle aux projets d'Henriette et de Clitandre.

Elle se comporte ici comme une «méchante petite rapporteuse» et c'est curieusement elle qui «tire les ficelles» en s'efforçant, fort habilement, de dresser sa mère contre les jeunes amoureux.

Elle n'oublie pas non plus de dénigrer Clitandre afin de le discréditer aux yeux de Philaminte. Ainsi est-elle sûre de triompher en provoquant une vive réaction de la part de Philaminte blessée dans son amour-propre.

Sa tactique porte immédiatement ses fruits. Philaminte met en effet un point d'honneur à obtenir que chacun se conforme à ses lois. Agir autrement serait, de plus, contraire à ses principes. Aveuglée par son égoïsme, elle ne se rend pas compte qu'elle n'est en fait qu'un «pantin» entre les mains d'Armande qui la «manipule» à son gré (ce qui est une source de comique).

La réaction de Philaminte

Philaminte, touchée par le discours d'Armande, tient à montrer plus que jamais qu'elle est le «chef de famille». Elle veut aussi réaffirmer sa suprématie sur son mari (qui symbolise à ses yeux les hommes, donc le sexe masculin en général).

Encouragée par Armande (la mouche du coche), Philaminte révise son opinion au sujet de Clitandre en lui retirant sans hésitation l'estime et la confiance qu'elle lui portait.

ACTE IV, SCÈNE 2

RÉSUMÉ

Le dialogue entre la mère et la fille se poursuit. Armande affirme qu'elle n'a pas agi par intérêt personnel. Cependant elle reconnaît avoir subi une vive déception amoureuse. Clitandre l'ayant «lâchement» abandonnée, elle a trouvé une consolation grâce au «solide secours de la philosophie».

Tandis que Philaminte est au comble de l'indignation, Clitandre, « entrant doucement et évitant de se montrer », finit par dévoiler sa présence en se révoltant ouvertement contre ces injustes reproches.

Il s'ensuit une longue explication entre Armande et Clitandre. Les deux amants font tour à tour état de leurs conceptions différentes de l'amour. Armande ne concevant qu'un amour platonique et ne voyant dans le mariage qu'un « vulgaire » moyen de satisfaire la sensualité ; Clitandre, au contraire, affirmant qu'il lui est impossible de dissocier en amour l'âme et le corps :

« J'aime avec tout moi-même, et l'amour qu'on me donne
En veut, je le confesse, à toute la personne. »

Dans un effort suprême, Armande se résout à accepter le point de vue de Clitandre pourvu qu'il l'épouse ; mais celui-ci refuse cette proposition en invoquant son engagement avec Henriette.

Philaminte lui rappelle alors qu'elle ne consentira jamais à ce mariage puisqu'elle destine à Trissotin sa fille cadette.

COMMENTAIRE

La composition de la scène

Nous pouvons distinguer trois grands mouvements dans cette scène qui expose deux conceptions opposées de l'amour et dont le thème majeur est celui de l'amour impossible.

1. Les calomnies d'Armande (v. 1139 à 1158).
2. La longue et décisive « explication » entre Clitandre et Armande (v. 1159 à 1244) :
   a. reproches mutuels (v. 1159 à 1188),
   b. les deux conceptions de l'amour (v. 1189 à 1234),
   c. la pathétique déception d'Armande et la rupture définitive (v. 1235 à 1244).
3. Le désaccord entre Philaminte et Clitandre (v. 1245 à 1264).

Le drame affectif d'Armande

Cette scène est l'un des plus beaux exemples de la « grande comédie » moliéresque. On n'y trouvera pas beaucoup d'éléments comiques, mais une fine et admirable analyse de l'âme humaine.

Armande est en réalité jalouse de sa sœur qui s'est montrée peu scrupuleuse en lui « volant » son amant. L'aveu d'Armande est tout à fait pathétique et contribue à la racheter à nos yeux. Sa souffrance transparaît dans ces vers :

« Et que le lâche tour que l'on voit qu'il me fait
Jette au fond de mon cœur quelque dépit secret. » (v. 1143-1144)

Nous réalisons également que sa passion de la philosophie relève plus de sa déception que de ses conceptions précieuses :

« Contre de pareils coups l'âme se fortifie
Du solide secours de la philosophie. » (v. 1145-1146)

Et nous sommes tentés de plaindre cette pauvre fille qui, après le choc affectif, n'a d'autre recours que de feindre en se composant une personnalité qui ne correspond pas à son être profond.

Armande croit encore que tout espoir lui est permis. Nous imaginons son abattement et sa cuisante douleur après le refus que Clitandre lui oppose si brutalement et sans aucun ménagement (pour un peu, on serait tenté de lui reprocher son manque de psychologie et sa « muflerie ») :

« Il n'est plus temps, madame : une autre a pris la place. » (v. 1241)

Ces propos ne sont-ils pas, pour Armande, un coup de poignard ?

Un procédé dramatique intéressant

Comme nous en avertit la didascalie située en tête de scène, Clitandre est présent dès le début de l'entretien auquel il assiste d'abord sans se manifester.

Ce procédé est souvent utilisé au théâtre (surtout au XVIIe siècle). Clitandre peut ainsi (comme le ferait un espion) prendre connaissance – à l'insu d'Armande – des médisances dont elle l'accable. Il connaît également la réaction de Philaminte. Cela lui permet de prendre conscience du caractère vindicatif de son ancienne amante qui ne recule pas devant la diffamation pour se venger de la trahison dont elle s'estime victime.

De plus, cet artifice permettra ensuite à Clitandre d'exiger des explications et lui donnera l'occasion de se justifier.

On mesure donc l'intérêt que représente au théâtre ce procédé dont un habile metteur en scène saura tirer parti.

Rappelons que Molière lui-même avait déjà utilisé cette situation dans le *Tartuffe* lorsque Damis, caché dans un petit cabinet, surprend Tartuffe faisant la cour à Elmire. Dans la même pièce, Orgon, caché sous la table, obtenait la preuve de la trahison de son protégé.

La conception de l'amour selon les précieuses : Platon contre Épicure

Comme Armande, les précieuses considèrent que l'amour doit être épuré, éthéré. Les précieuses étaient du côté des « idéalistes » (dont le maître est Platon). Elles privilégiaient l'esprit, l'âme, la spiritualité, et méprisaient la « matière » donc le corps et ses « sales désirs ». Elles s'opposaient aux « matérialistes » (parmi lesquels on trouvait les libertins et les épicuriens) qui s'efforçaient d'expliquer les lois de la vie et de la pensée en les réduisant à des phénomènes physiques ou mécaniques (comme l'affirmaient Démocrite, Épicure et Lucrère dans l'Antiquité). Pour les matérialistes, le corps n'est pas méprisable, et le désir est une pulsion naturelle.

Saint-Évremond se moque, comme Molière, du ridicule dans lequel tombaient les précieuses et nous dépeint de façon fort amusante la théorie de ces « jansénistes de l'amour » :

« Ces fausses délicates ont ôté à l'amour ce qu'il a de plus naturel, pensant lui donner quelque chose de plus précieux. Elles ont tiré une passion toute sensible du cœur à l'esprit, et converti des mouvements en idées. Cet épurement si grand a eu son principe d'un dégoût honnête de la sensualité ; mais elles ne sont pas moins éloignées de la véritable nature de l'Amour que les plus volupteuses car l'Amour est aussi peu de la spéculation de l'entendement, que de la brutalité de l'appétit. Si vous voulez savoir en quoi les Précieuses font consister leur plus grand mérite, je dirai que c'est à aimer tendrement leurs amants sans jouissance, et à jouir solidement de leurs maris avec aversion » (Saint-Évremond, *Le Cercle*).

ACTE III, SCÈNE 3

RÉSUMÉ

Survient Trissotin qui s'empresse d'annoncer le passage d'une comète qui, selon lui, a bien failli heurter la Terre. Philaminte l'interrompt : ce discours n'est pas susceptible d'intéresser Clitandre « qui fait profession de chérir l'ignorance ».

Il s'ensuit une véritable joute oratoire entre Clitandre et Trissotin. Pour Trissotin, un homme « cultivé » est toujours intelligent. Pour Clitandre, on peut être cultivé et sot. Il assure qu'« un sot savant est sot plus qu'un sot ignorant ». Trissotin comprend l'évidente allusion à sa personne. Il tente maladroitement de répliquer :

> « Ces certains savants-là peuvent, à les connaître,
> Valoir certaines gens que nous voyons paraître. »

Philaminte et Armande essaient de venir au secours de leur grand homme mais Clitandre refuse ce procédé déloyal ; dans ce « combat » singulier, Trissotin est homme à se défendre seul.

Relevant la provocation, Trissotin critique alors la Cour et les courtisans (au nombre desquels il range Clitandre).

Clitandre réplique en affirmant qu'à la Cour, on a au moins du « sens commun » (du bon sens) et qu'on y cultive le « bon goût ». De plus, les intellectuels prétentieux ne sont d'aucune utilité à l'État. Ils ne sont bons qu'à briguer des pensions et seule leur importe leur gloire personnelle.

COMMENTAIRE

Le savoir ou l'intelligence

Molière reprend ici une théorie qui lui est chère. Il critique la pédanterie de certains savants qui font étalage de leur savoir et méprisent d'autres hommes (des comédiens comme lui, par exemple) qui, pour avoir moins de culture, n'en sont pas moins estimables pour autant, bien au contraire.

Nous retrouvons là une très vieille thèse, soutenue en particulier par Rabelais et Montaigne en littérature, selon laquelle une tête bien faite vaut mieux qu'une tête bien pleine. C'est en fait tout le problème de la relation entre le savoir et l'intelligence.

Molière a toujours « fait la guerre » aux pédants, qu'ils soient savants, hommes de lettres, avocats ou médecins. Il détestait encore plus les sots qui faisaient illusion avec un faux savoir superficiel : « tout le savoir obscur de la pédanterie » (v. 1346), tous ceux qui se « (chargent) l'esprit d'un ténébreux butin » (v. 1376).

Souvenons-nous de ce stupide Thomas Diafoirus, frais émoulu des « Écoles », bardé d'un « fatras » inutile de mots latins et grecs, de ce grand benêt jargonnant et totalement dépourvu de bon sens, débitant à Angélique son compliment appris par cœur (*Le Malade imaginaire*, Acte II, scène 5).

Molière « écrivain gouvernemental »

Dans cette scène, il ne fait aucun doute que Clitandre est le porte-parole de Molière lorsqu'il prend résolument la défense de la Cour en assurant qu'elle est la meilleure école du bon sens et du bon goût et en critiquant les pédants inutiles au royaume (souvent des « étrangers ») qui ne cherchaient qu'à obtenir des « gratifications » sans les avoir méritées.

Il est bien vrai que Molière aimait la Cour qu'il considérait comme un lieu idéal pour la formation de l'esprit. N'écrivait-il pas déjà dans *La Critique de l'École des femmes* (scène 6) au sujet de la Cour qu'« on y fait une manière d'esprit qui, sans comparaison, juge plus finement des choses que tout le savoir enrouillé des pédants » ?

Dans cette scène des *Femmes savantes*, Molière donne une leçon non seulement à Cotin-Trissotin mais – par son intermédiaire – à tous les intellectuels de son temps : s'ils veulent obtenir des « dons de la Cour », ils doivent s'efforcer – comme lui-même – d'être utiles à l'État.

Molière, qui admirait sincèrement Louis XIV et qui était comme l'écrit Stendhal un « écrivain gouvernemental » bien gratifié, ne manquait jamais une occasion de louer le roi et la Cour.

Francine Mallet, auteur d'une remarquable étude sur Molière (*Molière*, éd. Grasset), nous rappelle toutes les raisons que Molière avait d'être reconnaissant envers le roi. Il sait ce qu'il doit à son monarque et il n'est pas un ingrat : « Il se souvient. Le roi a tout fait pour lui, il lui a d'abord donné la jouissance du Petit-Bourbon un jour sur deux, puis le Palais-Royal, il lui a accordé une gratification annuelle, a été le parrain de son aîné, a bien voulu prendre la troupe sous sa protection, lui accordant le titre de Troupe du Roi. Il a incité les courtisans à l'appeler en visites, a fait de lui le principal organisateur des fêtes royales, l'animateur de ses spectacles et leur illusionniste ; il lui a commandé des comédies-ballets, des pastorales, et même une tragédie-ballet. Il l'a associé par deux fois à ses projets politiques. Molière, lui, a su se rendre nécessaire, se montrer coopératif... »

À la lumière de ces éléments, nous comprenons mieux le sens des deux grandes tirades de Clitandre aux vers 1331 à 1346 et 1353 à 1382. Mais si nous savons « lire entre les vers » nous trouverons encore d'autres intentions. C'est Georges Couton qui le premier a dégagé la véritable portée des critiques en montrant exactement quels personnages Molière visait :

« Les gratifications aux gens de lettres (que très improprement on a appelées les pensions) ont été connues au milieu de 1663. Elles s'adressent à des écrivains français, mais aussi bien à des écrivains et érudits étrangers. Les 20 et 21 juin 1663, Colbert annonce qu'ils recevront une gratification royale à Boeklerus, professeur d'histoire à Strasbourg ; Gevaertius, historiographe à Anvers ; Helvétius, astronome à Dantzig ; Allatius, bibliothécaire au Vatican ; Heinsius ; Grotius. Les états de paiement successifs font voir que ces savants en "us" sont régulièrement gratifiés jusqu'à l'année 1671 comprise. Mais en 1672, les gratifications royales se raréfient, les noms en "us" disparaissent de la liste sauf deux [...]. On comprend dès lors les intentions et la malice des vers 1349-1352. Trissotin, lui-même rayé de la liste des pensions, depuis 1667, gémit sur l'ingratitude de la Cour ; il constate que la science n'est plus honorée. C'est un ridicule qui parle : il faut prendre le contre-pied pour avoir la pensée de Molière ; il fait observer qu'après tout, ces savants en "us" sont des étrangers, ce n'est pas à la France qu'ils font honneur et que le roi n'a pas à les glorifier. Ou bien alors ils sont des "savants" français, mais sans autorité ni rayonnement » (G. Couton, *Molière, Œuvres complètes*, La Pléiade, t. II).

ACTE IV, SCÈNE 4

RÉSUMÉ

Dans un « billet » apporté par son valet, Vadius met Philaminte en garde contre Trissotin dont il dénonce les agissements : ce dernier ne désirerait épouser Henriette que pour s'approprier sa fortune.

Philaminte, après avoir reproché au valet d'être entré dans son salon sans s'être fait annoncer, déclare que Vadius n'est qu'un « envieux » qui ne cherche qu'à nuire à Trissotin. Elle renvoie ce messager avec mépris en le priant d'annoncer à son maître qu'elle va réagir contre de telles « attaques » en mariant sa fille le jour même.

Clitandre est prié d'en être le témoin. Armande est chargée d'aller sur-le-champ chercher le notaire et d'avertir « sa sœur de l'affaire ».

Armande craint la rébellion d'Henriette. Philaminte brandit la menace.

Un dialogue amer s'engage alors entre Armande et Clitandre: Armande feint (hypocritement?) de regretter la décision de sa mère; Clitandre lui demande (sans y croire?) son aide.

COMMENTAIRE

L'action

Cette scène fait progresser l'action dramatique grâce à un véritable «coup de théâtre». En effet, les révélations de Vadius à propos de Trissotin (qui auraient pu renverser l'intrigue en faveur d'Henriette et de Clitandre) produisent l'effet inverse. On pouvait s'en douter (connaissant l'aveuglement et l'entêtement de Philaminte).

Philaminte prend toutes dispositions afin que ses décisions soient irréversibles. Aucun espoir n'est plus permis aux jeunes amants à moins qu'un ultime sursaut d'Henriette puisse enrayer la détermination de Philaminte. C'est fort improbable; néanmoins Armande a prévu cette éventualité qu'elle s'empresse d'annihiler.

Les caractères

Philaminte réagit vivement sous l'effet de la colère et de l'indignation. Ses décisions nous montrent une fois de plus jusqu'où peut aller sa «tyrannie».

Sa décision de procéder au mariage le jour même paraît irréversible et semble ruiner définitivement les espérances des jeunes amants (à moins d'un fort improbable et imprévisible rebondissement).

Armande redevient odieuse. Consciente du fait que le seul obstacle (après de telles dispositions) ne peut plus venir que de la rébellion d'Henriette encouragée par Clitandre, elle s'emploie à mettre en garde sa mère contre ce danger (v. 1411 à 1414).

Après le départ de Philaminte, son comportement avec Clitandre peut paraître ambigu. Elle fait mine de regretter la tournure prise par les événements (comme si elle n'y était pour rien):

«J'ai grand regret, monsieur, de voir qu'à vos visées
Les choses ne soient pas tout à fait disposées.» (v. 1417-1418)

Cependant, à l'analyse, il apparaît clairement qu'elle ironise:

«J'ai peur que votre effort n'ait pas trop bonne issue.» (v. 1421)

Clitandre, abasourdi par les dispositions inattendues de Philaminte aussitôt après son triomphe personnel sur Trissotin, reste d'abord muet de stupéfaction. Mais lorsqu'il se retrouve seul avec Armande, sa colère froide éclate en réponse aux provocations ironiques de son ancienne amante. Il lui rend coup pour coup dans ce combat sans merci au rythme accéléré par la révolte (succession rapide des répliques, effet de stichomythie). La tension dramatique monte rapidement dans ce duel impitoyable.

ACTE IV, SCÈNE 5

RÉSUMÉ

Clitandre et Henriette sont venus informer Chrysale et Ariste des décisions (contraires à leurs vœux) de Philaminte en espérant leur aide.

Chrysale manifeste son vif étonnement devant le choix de son épouse. Furieux, il réaffirme ses prérogatives de chef de famille et promet de contrecarrer ce projet: il s'engage à faire procéder au mariage d'Henriette et de Clitandre le soir même. Le notaire convoqué par Philaminte dressera ce contrat. Ariste approuve.

Les amoureux se jurent fidélité quoi qu'il advienne. Henriette déclare qu'elle va tenter un ultime recours auprès de sa mère.

Au cas où sa démarche échouerait, elle se retirerait dans un couvent.

COMMENTAIRE

La tension dramatique maximale

Tout naturellement Clitandre et Henriette tentent le seul recours possible en s'adressant à Chrysale qui, en tant que chef de famille, a seul pouvoir (légal) de contrecarrer les volontés de son épouse.

Le faible Chrysale aura-t-il l'autorité nécessaire?

Un instant, nous craignons qu'il capitule: ne feint-il pas d'abord de s'étonner du choix de Philaminte, comme s'il s'efforçait encore de la comprendre ou de l'excuser?

Fort heureusement, le sage Ariste est là pour l'empêcher de faiblir. Fort de ce soutien et craignant sans doute de «perdre la face», Chrysale se ressaisit et montre sa ferme détermination. Il rappelle (comme pour se convaincre lui-même) ses droits de «maître de maison» (v. 1443-1444).

Mais ce bel élan laisse encore subsister quelques craintes: Henriette (connaissant bien la faiblesse de son père) sollicite d'abord l'aide d'Ariste en qui elle a toute confiance:

«Hélas! dans cette humeur conservez-le toujours.» (v. 1447)

Ces propos révèlent sa méfiance et sa perspicacité.

Pour retrouver une force supplémentaire, il lui reste deux «cartes maîtresses» à jouer: agir sur Clitandre dont elle obtient une promesse de fidélité et tenter un ultime recours (sans se faire trop d'illusions) auprès de sa mère; ce qu'elle se promet de faire incontinent.

Au cas où toutes ces précautions échoueraient, il lui resterait la possibilité de se retirer dans un couvent.

En a-t-elle vraiment l'intention?

La fine Henriette sait pertinemment que cette horrible perspective aura pour effet de renforcer la combativité de son amant. La révolte immédiate de Clitandre (v. 1459-1460) nous montre qu'Henriette a bien atteint son objectif.

Ainsi, cette dernière scène de l'acte IV laisse-t-elle encore les spectateurs sur un «suspense». Les deux partis opposés sont bien déterminés à faire triompher leurs vues, mais nous ne savons pas encore lequel des deux l'emportera.

Le problème posé depuis le début de la pièce n'a donc pas encore trouvé sa solution définitive. L'acte V, traditionnellement consacré au dénouement, nous donnera nécessairement la réponse. Mais reste à savoir de quelle manière et en faveur de qui?

La tension dramatique atteint ici son degré maximal.

ACTE V, SCÈNE 1

RÉSUMÉ

Henriette est venue vers Trissotin pour lui «parler tête à tête» en espérant pouvoir le dissuader de l'épouser. Elle pense qu'il pourra se montrer sensible à ses arguments.

Avec douceur mais détermination, elle lui déclare qu'en vrai philosophe il serait indigne de sa part de ne l'épouser que pour sa dot.

Puis elle reconnaît (hypocritement?) qu'elle éprouve beaucoup d'estime pour l'homme plein de «mérite» et riche de «cent beaux talents» qu'il est à ses yeux.

Mais l'amour est un «aveuglement», une passion «capricieuse» qui ne tient compte ni des bonnes raisons ni de la sagesse. Or Clitandre «s'est fait maître» de son cœur et même si elle commet une erreur en l'aimant, elle «n'y peut rien faire».

Henriette fait appel à «l'honnête homme» (qu'elle feint de voir en Trissotin) et lui demande de se comporter comme tel en respectant sa liberté de choix et en n'encourageant pas sa mère dans son projet.

Elle le prie de ne plus l'aimer et de porter «à quelque autre les hommages» de son cœur.

Trissotin répond ponctuellement à chaque argument. Premièrement il affirme qu'il n'est nullement intéressé par l'argent de la dot mais qu'il aime très sincèrement Henriette pour les «brillants attraits» de sa personne: «C'est de ces seuls trésors dont je suis amoureux.»

Il prétend qu'à force de «soins» et de tendresse, il parviendra à se faire aimer d'Henriette et à lui faire oublier Clitandre.

Enfin, dans le cas où Henriette opposerait une résistance à cet amour, il profiterait sans scrupules de l'autorité maternelle. La fin (si odieuse soit-elle) justifie les moyens: «Pourvu que je vous aie, il n'importe comment.»

Usant d'un ultime argument, Henriette fait comprendre à Trissotin qu'une femme mariée contre son gré risque d'éprouver envers son mari des «ressentiments» aux conséquences imprévisibles (infidélité?).

Trissotin rétorque que la philosophie et la sagesse lui permettront de supporter «ces faiblesses humaines».

Constatant l'inutilité de son plaidoyer, Henriette abandonne la partie en ironisant et en réaffirmant qu'il ne sera jamais question pour elle d'épouser Trissotin.

Liaison entre les actes : rebondissement de l'action

L'acte V s'ouvre sur une surprise. Nous pensions que les jeux étaient faits et que nous allions assister à un affrontement entre les deux partis opposés. D'un côté : Philaminte, Trissotin, Armande, Bélise ; de l'autre : Chrysale, Ariste, Henriette et Clitandre. Nous pouvions prévoir plusieurs duels ; mais il nous était difficile d'imaginer que la douce Henriette aurait l'audace de parler en tête à tête avec Trissotin.

Il lui fallait pour cela braver les convenances et les interdits et spécialement usurper les prérogatives parentales.

Mais sa passion lui donne une combativité et des facultés d'imagination étonnantes. Elle a donc pensé qu'il lui restait une dernière « carte » à jouer, risquée certes, mais qu'elle n'avait pas le droit de négliger : si elle s'adressait directement à Trissotin et si celui-ci était véritablement digne des mérites que lui attribuait Philaminte, peut-être pourrait-il la comprendre. Peut-être saurait-elle le convaincre ?

Voilà la grande surprise que nous réservait Molière. Il s'agit presque d'un « coup de théâtre ». En tout cas cette scène suscite un vrai rebondissement de l'action.

Le brillant et pathétique combat d'une femme amoureuse

Nous ne pouvons qu'admirer l'habileté d'Henriette. Son but est de convaincre en se gardant bien d'agresser. C'est pourquoi elle se montre directe mais respectueuse de l'homme qu'elle veut se concilier. Elle ne refuse pas (même si cela lui répugne) à user de l'éloge et de la flatterie. Elle va même jusqu'au compliment galant (v. 1477 et 1485). Pour que Trissotin renonce à son avidité mercantile (elle sait qu'il convoite sa dot), Henriette commence par louer le philosophe.

En réponse à la déclaration d'amour passionnée de Trissotin, elle consent à lui accorder (ou à feindre de lui accorder) sa plus grande estime (« Tendre-sur-Estime ») et elle encense sa fatuité en lui reconnaissant (sans doute hypocritement) de grands mérites, supérieurs même à ceux de Clitandre (v. 1483).

Elle reconnaît (ou feint de reconnaître) que son amour pour Clitandre tient de « l'aveuglement » et n'obéit aucunement à la « raison » mais aux « caprices » mystérieux de la passion (v. 1501-1502).

Elle feint d'admettre qu'elle commet une erreur en s'engageant ainsi sans réfléchir (v. 1484 et 1486).

C'est avouer le caractère subjectif de l'amour et la fatalité de ses lois. On ne peut guère aller plus loin qu'elle ne le fait pour confondre un homme sensible.

Mais Trissotin se montre inflexible.

Henriette s'adresse encore à « l'honnête homme » en le priant de ne point usurper « un cœur » contre sa propre volonté et le supplie « amicalement » d'être son meilleur avocat auprès de Philaminte.

Mais décidément, Trissotin prouve par son entêtement qu'il n'est ni philosophe, ni homme de cœur, ni honnête homme. Il n'est en fait qu'un scélérat attiré par le seul appât du gain.

Henriette, qui ne veut pas encore s'avouer vaincue, change alors de tactique en usant d'autres arguments plus « réalistes ». Au chantage et au cynisme, elle oppose des armes plus adéquates en évoquant contre la « violence » d'un époux indésirable « les ressentiments que le mari doit craindre ». En langage actuel et sans euphémisme, Henriette eût allégué « l'infidélité ». C'est bien ce que comprend Trissotin. Mais il ne désarme pas et se retranche avec un mépris digne de sa goujaterie derrière une conception stoïcienne de la « sagesse » (philosophie d'Épictète) en déclarant qu'il serait alors en mesure de tout supporter (il fait ainsi la preuve qu'il n'aime pas Henriette contrairement à ses affirmations précédentes).

Henriette, à bout de munitions, et comprenant qu'elle ne parviendra pas à ses fins avec un être aussi machiavélique, ironise enfin (v. 1549-1560) et laisse éclater sa farouche détermination dans un sursaut de colère :

> « Je (...) vous jure entre nous
> Que je renonce au bien de vous voir mon époux. » (v. 1559-1560)

La progression dramatique : Trissotin mis à nu

Cette scène a un grand intérêt au niveau de l'intrigue. Elle permet au spectateur de démasquer l'hypocrisie de Trissotin et de comprendre que le personnage est non seulement odieux et cynique mais également susceptible de devenir dangereux. Le scélérat s'est dévoilé, au fil des réponses à Henriette, et nous ne pouvons nous empêcher de le comparer à Tartuffe. Les spectateurs, ainsi avertis, sont dès lors en droit de craindre le pire (pour le dénouement proche) non seulement pour la pauvre Henriette mais pour le destin de toute la famille. Le suspens reste gros à la fin de cette première scène du dernier acte.

La satire des mœurs

Si nous prenons du recul par rapport à l'intrigue proprement dite, il apparaît clairement que Molière reprend et développe avec une grande force de conviction un thème qui lui est cher et qu'il saisit l'occasion pour attaquer, avec une virulence qui lui fait honneur, un système social ridicule et particulièrement odieux puisqu'il porte atteinte à la liberté individuelle, en invoquant le respect sacré de l'autorité parentale.

On pourrait admettre que les parents conseillent leurs enfants pour le choix du conjoint dans le seul but de les éclairer et de les mettre en garde contre les erreurs qui pourraient être dues à leur inexpérience ou même à leurs pulsions passagères (allusion aux « erreurs de jeunesse »).

Mais ils ne doivent en aucun cas abuser de ce pouvoir pour imposer leur propre choix par le chantage, la contrainte (morale et physique), la violence, en n'ayant pour seules motivations que leurs intérêts personnels, leur égoïsme ou leurs conceptions erronées (voire leurs fantasmes ou leurs délires).

Molière s'insurge contre le mariage forcé (appelé alors « mariage de raison ») dont les conséquences sont catastrophiques et peuvent aller jusqu'à « l'immolation » (pour reprendre le terme d'Henriette) de leurs enfants en sacrifiant leur bonheur pour le reste de leur existence. Le propos était assez révolutionnaire pour l'époque.

La subjectivité de l'amour

À travers le très habile plaidoyer d'Henriette, Molière nous donne une remarquable définition (la sienne ?) de l'amour. Souvenons-nous de Pascal : « Le cœur a ses raisons que la raison ne connaît point. »

L'analyse d'Henriette fait parfaitement ressortir la subjectivité de l'amour qui ne s'explique ni par la raison ni par le calcul réaliste et surtout pas par l'intérêt.

Ces merveilleux vers seront toujours d'actualité puisqu'ils expriment une vérité éternelle en ce qui concerne l'amour :

> « Le caprice y prend part, et quand quelqu'un nous plaît,
> Souvent nous avons peine à dire ce que c'est. » (v. 1499-1500)

ACTE V, SCÈNE 2

RÉSUMÉ

Chrysale, accompagné de Martine (qu'il a rappelée à son service), demande à Henriette de se préparer, selon ses vœux, à son mariage avec Clitandre. Henriette remercie son père et lui demande de ne pas se laisser influencer par Philaminte.

Chrysale feint l'indignation en rappelant à sa fille qu'elle a tort de le prendre pour un faible. N'est-il pas maître chez lui? Comment peut-on supposer qu'il pourrait se laisser gouverner par sa femme? Henriette s'excuse. Son père lui rappelle qu'elle a, elle aussi, le devoir de lui obéir.

Mais à l'annonce de l'arrivée de Philaminte et du notaire, Chrysale demande à tous ses partisans de le soutenir dans l'affrontement qui se prépare et qu'il redoute.

COMMENTAIRE

Le rythme de l'action

Molière, en habile dramaturge, a le souci de faire succéder une scène comique à la précédente séquence très tendue, voire pathétique.

Le comique provient ici essentiellement du comportement de Chrysale qui fait songer à un pantin manipulé par Henriette.

Rappelons-nous la définition du rire selon Bergson: «du mécanique plaqué sur du vivant».

Analysons la progression du duo comique entre Chrysale et Henriette.

Les différents mouvements de la scène : Chrysale pantin comique et pitoyable

1. Chrysale passe enfin à l'action (v. 1563 à 1574)

Chrysale nous apparaît tout d'abord complètement «transformé». Sa franche détermination se manifeste dans la fermeté de l'ordre adressé à sa fille (impératif du vers 1564) et dans son ton affirmatif et résolu (notons la répétition de «je veux» au vers 1566).

De plus, il a eu l'audace de «braver» son épouse en rappelant Martine à son service. C'est du moins ce que les spectateurs peuvent croire au début de cette scène (les autres motivations de Chrysale apparaîtront plus tard).

Mais la fine Henriette reste sur sa méfiance et, si elle loue son père, elle prend toutefois bien soin de le mettre en garde contre un danger de revirement (v. 1570 à 1574).

2. Chrysale feint l'indignation (v. 1575 à 1583)

Chrysale est faible mais point sot. Il demeure conscient de sa «lâcheté» constitutive (qu'il appelle «excès de bonté»). C'est pourquoi il se révolte lorsqu'il réalise que les rôles sont inversés. Il voit bien qu'Henriette outrepasse ses droits en lui dictant sa conduite (leçon de fermeté). C'est pourquoi il feint la colère et l'indignation.

L'automate – personnage hautement comique – apparaît ici comme une sorte de machine à questionner. Or ces questions révèlent précisément toutes les faiblesses que Chrysale serait en droit de se reprocher. Les qualificatifs rejetés par le «pantin» nous donnent toutes précisions à ce sujet et Henriette répond le contraire même de ce qu'elle pense sincèrement (d'où le redoublement de l'effet comique). La colère de Chrysale est précisément due à la conscience qu'il a de ses défauts et elle révèle la crainte que lui donne en réalité le sentiment de son impuissance à changer de personnalité.

3. Chrysale joue au «fanfaron» (v. 1584 à 1594)

Prenant un peu d'assurance grâce aux encouragements prodigués par Henriette, Chrysale – tout en demeurant une marionnette – adopte une nouvelle attitude en se composant une figure de père autoritaire. Il joue au chef de famille courroucé en ordonnant à Henriette de lui obéir (ce qui n'est pas pour déplaire à sa fille comme le prouvent ses approbations successives; comique de répétition aux vers 1587-1588-1590).

Chrysale abandonne les interrogations pour les affirmations impératives:

«Ma volonté céans doit être en tout suivie.» (v. 1586)

et v. 1587-1589-1590-1591.

Mais l'on sent nettement poindre sous cette apparente fermeté de matamore (trop excessive pour être naturelle) la volonté de se convaincre lui-même.

4. Chrysale «aux abois» (v. 1595 à 1600)

Devant l'imminence du danger (Philaminte est annoncée par Henriette), notre homme redevient lui-même et les rires des spectateurs s'étouffent. Le «Hélas» poussé par Henriette comme un cri d'alarme nous plonge à nouveau dans la crainte. Si nous continuons à rire en raison du retournement de situation, c'est maintenant d'un rire amer.

Chrysale s'affole, perd ses moyens, quitte son rôle de composition et l'homme lâche et apeuré fait disparaître le pantin. Chrysale «aux abois» demande du secours, appelle à l'aide celle-là même qu'il sermonnait dans la seconde précédente. Le père de famille chancelle et se tourne vers tous ses «proches» pour le soutenir. La fidèle et solide Martine répond «présente». Chrysale suscite notre pitié:

«Secondez-moi bien tous.» (v. 1599).

Tiendra-t-il le choc? De nouveau le suspens tient tous les spectateurs en haleine.

ACTE V, SCÈNE 3

RÉSUMÉ

Philaminte demande au notaire qu'elle a convoqué de bien vouloir rédiger le contrat de mariage entre Henriette et Trissotin. Chrysale, de son côté, exige que le contrat officialise l'union entre Henriette et Clitandre.

Chrysale et Philaminte commencent à se quereller.

La servante Martine intervient en faveur de son maître: son ton est ferme et direct. Elle rappelle la supériorité du mari et l'obéissance que lui doit son épouse. Elle approuve le choix de Clitandre, selon elle plus apte au mariage que Trissotin. Au passage, elle critique les intellectuels et les pédants.

Philaminte, excédée par cette longue et impertinente diatribe, exige sur un ton impérieux que son choix soit ratifié sur-le-champ : «Je l'ai dit, je le veux : ne me répliquez pas.».

Elle propose que l'on marie Clitandre à Armande, ce qui provoque l'indignation des amoureux.

Bélise, en proie à ses fantasmes, prend le parti de Philaminte en évoquant les grands principes cartésiens.

COMMENTAIRE

La progression de l'action vers le dénouement

Cette scène constitue en quelque sorte l'amorce du dénouement dont elle est la première partie. Tous les acteurs sont réunis, en place pour l'action finale. L'affrontement entre les deux partis opposés débute. Le notaire est prêt à conclure (mais en faveur de quel couple?). Martine, revenue pour les besoins de la cause, joue le rôle «d'adjuvant» indispensable à la progression de l'action et à sa conclusion en faveur des destinataires (Henriette et Chrysale). Son rôle est d'apporter une aide au héros (ici à l'anti-héros Chrysale) pour lui permettre de parvenir à son «but».

Mais son action positive est insuffisante, il faut encore une aide pour faire triompher la cause des amoureux. Ce sera le sujet du second mouvement du dénouement qui se produira nécessairement à la dernière scène de la comédie.

Analyse des différents mouvements

1. La satire du langage juridique (v. 1601 à 1617)

Ce début de scène contient une petite satire du langage juridique. Molière, qui avait fait des études de droit pour être avocat, savait ce dont il parlait. Jamais il ne manqua une occasion de ridiculiser les hommes de loi (et tout particulièrement les notaires), personnages pittoresques par leurs costumes et leurs comportements sclérosés, incapables de s'adapter aux circonstances concrètes de la vie. Mais surtout, il n'admettait pas leur jargon professionnel.

Curieusement, Molière se sert ici de Philaminte et de Bélise pour procéder à cette critique. Par deux fois le mot de «barbarie» est avancé pour caractériser le «style sauvage» des contrats.

Cependant Molière reprend une très ancienne tradition du théâtre français, largement exploitée au XVIIe siècle (reportons-nous par exemple aux *Plaideurs* de Racine avec son inoubliable Chicanneau).

Molière fait ici «coup double» en se moquant, par la même occasion du langage précieux (qui ne vaut pas mieux!) que Bélise souhaite substituer – sous prétexte de «beau langage» – à ces hermétiques «termes de l'art».

Molière ne manque pas non plus l'occasion de s'attaquer à Vaugelas qui demandait que l'on préservât ces termes de métier.

2. Un «divertissement cocasse» (v. 1618 à 1631)

À la suite de ces remarques, Molière nous convie à un petit ballet comique et animé entre Chrysale, Philaminte, Henriette, Clitandre et Trissotin. L'ambiguïté de la situation est telle que le notaire – prisonnier de ses habitudes – y perd tout son latin:

«Deux époux? C'est trop pour la coutume.» (v. 1623-1624).

Ce qui le gêne et l'arrête est seulement une question de procédure. Il ne voit absolument pas l'incohérence de la situation réelle. Le même jeu reprend aux vers 1625 à 1631.

3. Le début de l'affrontement (v. 1632 à 1640)

L'inévitable se produit enfin. Chrysale et Philaminte s'affrontent. Philaminte, fort étonnée devant la résistance inhabituelle de son mari, s'insurge (v. 1632). Chrysale, n'osant pas encore user de l'argument d'autorité qui lui revient de droit, avance une raison susceptible de convaincre sa femme en dénonçant la convoitise «financière» de Trissotin (l'appât de la dot). Mais Philaminte (qui n'y croit pas encore) lui reproche sa mesquinerie et son manque de «sagesse».

4. L'éclatante revanche de Martine (v. 1641 à 1672)

Fort à propos, Martine – qui redoute la capitulation de Chrysale – vient à sa rescousse et fait entendre sa voix avec la brutale franchise et l'impétuosité qui la caractérisent. Nous comprenons alors pourquoi Chrysale l'a rappelée : il avait besoin d'un défenseur fort et virulent ! Et il ne s'est point trompé dans son choix. Martine met les poings sur la table et tonne en son langage cru, direct et de bon sens. Les métaphores paysannes (qui font rire les spectateurs) et les expressions proverbiales portent et lui permettent de « marquer des points ». Elle ne laisse pas à l'adversaire le temps de placer un mot (avec la bénédiction béate de Chrysale qui ponctue chaque flèche qu'elle décoche : v. 1643, 1645, 1647, 1653, 1655, 1661 ; comique de répétition). Nous sommes en pleine farce, au cœur de la tragédie qui se joue.

Martine vide son sac : elle sait qu'elle n'a plus rien à perdre (v. 1643) et se moque du ridicule. Ses paroles réalistes et familières, ses citations imagées, hardies et gaillardes, sorties tout droit du bon sens populaire (comique de mots), interdisent toute intervention des précieuses outragées qui ne veulent point se compromettre et doivent se contenter d'attendre (en pestant) la fin de l'orage qui les glace d'horreur (comique de situation). Ce faisant, l'argumentation de Martine est néanmoins cohérente, méthodique et progressive :

a) rappel de la suprématie de l'homme sur la femme (v. 1641 à 1652) ;

b) plaidoyer en faveur de Clitandre (raisonnable, jeune et beau) (v. 1653 à 1656) ;

c) dénigrement de Trissotin (pédanterie et érudition inutiles à un bon mari ; savant dépourvu de sentiment donc impropre à l'amour « naturel ») (vers 1657 à 1670).

Philaminte ose à peine faire part de son impatience et de son mépris (v. 1661 à 1671-1672).

Satisfait de l'efficacité de son impétueuse avocate (« sa digne interprète »), Chrysale, ravi et triomphant, pousse un soupir de soulagement qui a valeur d'approbation et de gratitude :

« Elle a dit la vérité » (v. 1672)

5. L'inflexible et impérieuse Philaminte (v. 1673 à 1681)

C'en est trop pour Philaminte qui laisse éclater son indignation et réitère obstinément son inflexible volonté sur un ton solennel, impérieux et impérial comme celui d'un héros de tragédie :

« Je l'ai dit, je le veux : ne me répliquez pas. » (v. 1676)

Mais déjà nous la sentons à bout d'arguments.

L'« arrangement » fallacieux qu'elle fait mine d'accepter, s'il fait craindre un instant le fléchissement du lâche Chrysale, est si vivement dénoncé par les cris de protestation véhéments des amoureux qu'il ne risque pas d'être pris en considération.

6. La déraison de Bélise (v. 1681 à 1686)

En voulant venir au secours de sa belle-sœur, Bélise ne parvient qu'à se ridiculiser en discréditant du même coup Philaminte.

Certes, Martine a frappé fort et sa harangue virulente a quelque peu ébranlé les esprits. Mais la partie n'est pas encore définitivement gagnée !

Les éléments comiques

1. La satire des mœurs

Nous l'avons traitée au cours de l'analyse précédente. Rappelons seulement ses principaux thèmes :

- la critique des hommes de loi (leur langage et leur comportement),
- la critique du mariage de raison (imposé par l'autorité parentale),
- la satire des « savants » et des intellectuels pédants,
- la satire de la conception précieuse de l'amour (Bélise),
- la critique des prétentions et du langage des femmes savantes.

2. Le comique de situation

- Le ballet comique (v. 1618 à 1623) : Philaminte et Chrysale veulent chacun imposer leur « futur ». Ronde autour du notaire hébété qui croit que l'on cherche à lui imposer un contrat impossible (bigamie). Même jeu (v. 1625 à 1631) avec effet de parallélisme.
- Inversion des rôles (v. 1641 à 1672) : la servante faisant la leçon à sa maîtresse.
- L'abdication de Chrysale qui cède son rôle à sa servante (v. 1641 à 1672).
- L'indignation des deux amants surpris et déconcertés (v. 1681).

3. Le comique de style et de mots

- Satire du langage juridique (v. 1605 à 1611).
- Comique du patois savoureux et imagé de Martine (v. 1641 à 1670) et notamment les métaphores familières et les proverbes paysans (v. 1644 ; 1645-1646 ; 1651-1652).
- Le langage précieux de Bélise interprétant à sa façon Descartes (v. 1682 à 1686).

4. Le comique de répétition
– Notamment tous les parallélismes d'attitude et de mots et la répétition automatique des verbes dans les répliques aux v. 1625-1626; 1629-1630: «Mettez, mettez... Suivez, suivez... Faites, faites...»
– Les réponses affirmatives (presque identiques) de Chrysale, perroquet de sa servante, qui ponctuent régulièrement chaque réplique de la plaidoirie de Martine.

5. Le comique de caractère
– L'attitude changeante de Chrysale (véritable girouette): hésitant au début puis cherchant à s'imposer mais capitulant bien vite en cédant sa place à Martine.
– L'entêtement de Philaminte (v. 1673 à 1678).
– La «folie» de Bélise (v. 1681 à 1686).

ACTE V, SCÈNE 4

RÉSUMÉ

Ariste survient in extremis. Il est porteur de deux mauvaises nouvelles. Une première lettre adressée à Philaminte annonce qu'elle a – par négligence – perdu son procès. L'autre lettre apprend à Chrysale qu'il est ruiné, les hommes d'affaires auxquels il avait confié toute sa fortune ayant fait faillite.

Chrysale, désespéré, s'effondre. Philaminte, forte devant les épreuves, l'engage à supporter l'adversité avec plus de courage. D'ailleurs les «biens» de Trissotin ne sont-ils pas à leur disposition pour les aider à supporter ces malheurs?

À ces mots, Trissotin s'empresse de déclarer qu'il n'est plus question pour lui de se marier. La réaction de Philaminte est immédiate et vive. Elle comprend enfin son erreur et accuse Trissotin d'avoir abusé de sa confiance (v. 1727-1728).

Clitandre, sans hésiter, met toute sa fortune à la disposition de Philaminte et de sa famille. Philaminte, reconnaissante, lui accorde la main d'Henriette. Mais cette dernière, dans un geste à la fois délicat et héroïque, refuse ces propositions afin de ne point briser l'avenir de celui qu'elle aime.

Ariste révèle alors le subterfuge dont il a usé pour confondre Trissotin et pour révéler à Philaminte la cupidité de cet homme méprisable.

La joie explose enfin et le notaire est convié à rédiger le contrat de mariage unissant Clitandre et Henriette.

Cependant Armande se déclare « sacrifiée ». Pour sa consolation, Philaminte la renvoie à l'étude de la philosophie.

COMMENTAIRE

Un dénouement bien orchestré

Reprenant un procédé qu'il avait déjà utilisé dans *Tartuffe*, Molière fait ici appel à un subterfuge inattendu et quelque peu artificiel (mais qui est admis comme une convention théâtrale) pour précipiter le dénouement de la pièce. Il fait intervenir des événements extérieurs et étrangers à l'intrigue : nous ignorions tout du procès engagé par Philaminte et des opérations financières de Chrysale. C'est l'astucieux Ariste (au courant des secrets de famille) qui a songé à ces données financières parce qu'elles étaient de nature à mettre à l'épreuve l'honnêteté (?) de Trissotin et susceptibles de démasquer sa cupidité afin de convaincre Philaminte.

Si l'on met à part ce problème de l'artifice du stratagème, il est évident que ce dénouement – qui comporte plusieurs « rebondissements » étonnants – est parfaitement orchestré par Molière et qu'il « couronne » magnifiquement la pièce.

Les surprises en effet n'y manquent pas. Après le refus de Trissotin (fort prévisible pour des spectateurs psychologues et attentifs), on pourrait croire la pièce achevée. Or, la décision totalement inattendue d'Henriette nous surprend. Comment peut-elle renoncer (même au nom de l'intérêt de Clitandre) à ses vœux les plus chers ? La comédie va-t-elle tourner au drame et à la tragédie ?

Nous savons d'autre part que Clitandre est « peu fortuné ». Cette simple donnée aurait pu contribuer à entretenir Philaminte dans sa décision de ne pas donner sa fille à celui qui n'avait plus son estime.

Philaminte reviendra sur tous ses jugements et, sensible à la générosité de Clitandre, elle consentira à lui accorder la main de celle qu'il aime.

Mystérieuse Philaminte (sympathique et admirable ou cynique et détestable ?)

Sans conteste, l'événement le plus important de cette dernière scène est bien le revirement subit et irréversible de Philaminte qui permet de dénouer l'intrigue et de clore la pièce sur une *happy end*. Cette véritable « conversion » se manifeste à trois reprises :

– Tout d'abord lorsque, sans hésiter, et comme par miracle, Philaminte reconnaît la cupidité de Trissotin (v. 1727-1728) sans prendre le moins du monde en considération les arguments fallacieux avancés par son « protégé » (qui se dit offensé par les refus « infamants » qu'on lui oppose).

– Ensuite par l'acceptation franche et sincère de l'offre que Clitandre lui fait de sa fortune (pourtant bien maigre).

– Enfin en lui accordant dans le même mouvement de générosité et de reconnaissance la main d'Henriette :

> « Vous me charmez, Monsieur, par ce trait généreux
> Et je veux couronner vos désirs amoureux. » (v. 1733-1734)

En agissant ainsi, Philaminte se rachète à nos yeux et nous apparaît sous un jour nouveau, tout à fait sympathique.

Ainsi, elle ne serait pas la femme insensible, froide et tyrannique que nous avions imaginée ? Philaminte, à l'évidence, est donc généreuse et courageuse devant l'adversité ? Oui, il semble bien qu'elle soit une véritable stoïcienne et non pas comme Bélise une piètre imitatrice d'une mode ridicule. Lorsque les circonstances le demandent, elle applique véritablement les principes dont elle se réclame et son « aveuglement » cesse devant la réalité des faits.

Elle sait admirablement faire face au malheur en rassurant son faible époux de Chrysale (dont nous comprenons mieux l'admiration conjugale). Les maximes philosophiques qu'elle prononce dénotent donc une sagesse vécue et appliquée. La mise en pratique a précédé ces sincères et sublimes paroles :

> « Il n'est pour le vrai sage aucun revers funeste,
> Et, perdant toute chose, à soi-même il se reste. » (v. 1707-1708)

Cependant, un petit doute pourrait subsister – que certains critiques n'ont pas manqué de relever. Philaminte semble « sacrifier » sans remords l'avenir de sa fille aînée qui lui en fait d'ailleurs le cuisant reproche. Armande n'était-elle pas sa plus fidèle alliée ? Celle qui lui ressemblait le plus ? Celle qui l'admirait et qui l'avait proposée comme un modèle de perfection à Henriette ? Enfin, celle qui avait épousé avec ardeur toutes ses conceptions de « femme savante » ?

Que signifient ces mots de Philaminte à son intention ?

« Ce ne sera point vous que je leur sacrifie. » (v. 1771)

Selon Georges Couton : « Les explications suivantes ont été données : "Ce n'est pas vous que j'aurai sacrifiée à ce couple, mais moi-même qui dois renoncer à mes projets sur Trissotin." – Ou bien : "Ce n'est pas vous le sacrifié (*sic*), mais Henriette qui n'épouse pas un bel esprit et Clitandre qui n'épouse pas une femme instruite." Il paraît plus simple de comprendre : "Je ne vous sacrifie pas à eux ; on n'est pas une sacrifiée quand on a l'appui de la philosophie." » (G. Couton, *Molière, Œuvres complètes*, La Pléiade).

L'acteur Jean Meyer n'est pas tendre envers Philaminte lorsqu'il écrit que « la sottise de Philaminte la préserve de l'antipathie du public. Ses dernières réactions rachètent tout. Elle est cependant parfois d'une cruauté qui vous glace. Elle abandonne froidement Armande éperdue : "Vous avez l'appui de la philosophie"... Parbleu ! C'est le sien qui a manqué à son aînée. » (*Œuvres complètes de Molière*, éd. Maurice Gonon).

Tout à l'opposé est le jugement de Marcel Aymé : « De Philaminte, au contraire [Molière] a fait une femme d'un caractère ferme et d'un cœur droit, inspirant à son mari la crainte et le respect. Aimable intention, il a même voulu, après s'en être moqué, que la philosophie de Philaminte ne fût pas un vain mot. Ainsi voyons-nous, au cinquième acte, l'épouse accepter d'un cœur serein la perte de sa fortune alors que Chrysale réagit comme un épicier » (*Philaminte avait raison*, Marcel Aymé, *ibid.*).

Après cela, que chacun se fasse son opinion sur cette complexe personnalité.

Synthèse littéraire

LA CONCEPTION DE LA PIÈCE, SON HISTOIRE

La comédie des *Femmes savantes* est l'avant-dernière pièce de Molière. Elle fut jouée le 11 mars 1672 donc un an avant sa mort. C'est une œuvre de maturité, complexe et profonde, qui reprend la plupart des thèmes chers à notre auteur.

Depuis *Le Misanthrope*, donné en 1666, Molière manifestait le désir de composer une grande comédie « tout à fait achevée », c'est-à-dire en cinq actes et en vers. Il voulait sans doute faire également oublier l'échec de *L'Avare* (1668), car son public n'avait pas apprécié l'utilisation de la prose, contraire aux usages, dans une longue pièce en cinq actes.

Le témoignage du critique Donneau de Visé atteste la satisfaction du public parisien qui accueillit avec enthousiasme *Les Femmes savantes* : « Le fameux Molière ne nous a point trompés dans l'espérance qu'il nous avait donnée, il y a tantôt quatre ans, de faire représenter au Palais-Royal une pièce comique de sa façon qui fut tout à fait achevée » (*Le Mercure galant*, 25 mai 1672).

La « première » du 11 mars 1672 fut un succès, comme en attestent les recettes. Molière avait en effet pris le temps de composer sa « grande comédie » qui était déjà prête dans ses cartons en décembre 1670. On a dit que le roi – qui peut-être commençait à se détacher de son fidèle serviteur, sous l'influence néfaste du jaloux Lulli – n'aurait témoigné que peu de satisfaction à la représentation qui lui avait été donnée auparavant devant la Cour, à Saint-Cloud. Mais, selon Grimarest : « À la seconde, Sa Majesté dit à Molière que la première fois elle avait dans l'esprit autre chose qui l'avait empêchée d'observer sa pièce; mais qu'elle était très bonne et qu'elle lui avait fait beaucoup de plaisir...» Cependant, aucun document sérieux ne permet d'attester cette version fort contestée.

Il n'en reste pas moins que la pièce des *Femmes savantes* fut, après la mort de Molière, l'une des plus jouées jusqu'à nos jours: un peu moins que *Tartuffe*, mais plus que *Le Misanthrope*.

LA SATIRE DE L'ABBÉ COTIN

Il est un fait qui mérite de retenir toute notre attention: le titre initialement donné aux *Femmes savantes* par Molière était *Tricotin*; puis il devint *Trissotin*, titre encore plus explicite que le premier puisqu'il peut être connoté par «trois fois sot». Il était clair pour tous les contemporains de Molière que le personnage directement visé dans cette pièce était le fameux Cotin dont Molière reprenait textuellement le *Sonnet à la Princesse Uranie* (Acte III, sc. 2) et l'épigramme intitulée *Sur un carrosse de couleur amarante* (les titres sont à peine modifiés). De plus, une légende assez vraisemblable veut que le costume du personnage de Trissotin ait été réellement celui de l'abbé Cotin: une ancienne défroque récupérée pour les circonstances chez un fripier.

Ménage aussi est reconnaissable sous le déguisement de Vadius; mais la satire qui le touche est infiniment moins cruelle que celle qui touche son confrère.

Molière avait depuis fort longtemps un compte personnel à régler avec cet abbé Cotin qui l'avait malmené et même menacé, et qui s'en prenait également à son ami Boileau.

Cotin méprisait les comédiens. Il avait critiqué leurs mœurs dans son ouvrage intitulé *La Critique désintéressée sur les satires du temps*, publié en 1666, et où il écrivait notamment: «Que peut-on répondre à des gens qui se sont déclarés infâmes par les lois? Que peut-on dire contre ceux à qui l'on ne peut rien dire de pis que leur nom?» Mais il avait plus directement encore attaqué Molière dans *La Satire des satires* en rédigeant ces alexandrins assassins:

«J'ai vu de mauvais vers sans blâmer le poète
J'ai lu ceux de Molière et ne l'ai point sifflé.»

Et il ajoutait, à l'intention de Boileau, grand admirateur du *Misanthrope*:

«Sachant l'art de placer chaque chose en son lieu
Je ne puis d'un farceur me faire un demi-dieu.»

Molière ne pouvait pardonner de telles insultes. D'où l'idée de mettre en évidence le ridicule de ce misérable écrivain (Cotin était en outre membre de l'Académie française et aumônier du roi – ce qui ne l'empêchait pas d'écrire des poèmes galants, des épigrammes, des bouquets à Iris...). Il révèle la bassesse morale du personnage en représentant sur scène l'une des fameuses querelles de cuistre par laquelle il s'illustra tristement.

Cotin était en effet familier de ce type de polémique; mais la dispute qui l'opposa à Ménage (vraisemblablement chez Gilles Boileau) demeure la plus célèbre. Il est certain que les deux hommes se détestaient comme l'atteste la satire *La Ménagerie* attribuée à Cotin et rédigée en 1659. Cotin reprochait à Ménage de plagier les auteurs anciens dans une épigramme intitulée *Ménage pillard*.

Molière s'inspire donc directement de l'actualité lorsque Trissotin-Cotin traite Vadius-Ménage de «fripier d'écrits», d'«impudent plagiaire» et lorsqu'il lui donne ce méchant conseil:

«Va, va restituer tous les honteux larcins
Que réclament sur toi les Grecs et les Latins.»

Mais Molière ne s'arrête pas en si bon chemin. Il accuse ces cuistres d'être de mauvais serviteurs du roi et de la France. La longue tirade de Clitandre (Acte IV, sc. 3) témoigne d'un profond ressentiment et même d'une colère qui en dit long sur l'avidité honteuse de ces «écrivains» qui reprochaient à Colbert de leur avoir supprimé en 1667 l'importante gratification dont ils avaient bénéficié depuis 1663. Cotin avait alors reçu 1 200 livres, et Ménage 2 000 (autant que Pierre Corneille!). C'est ce que Molière insinue encore avec une ironie cinglante en lançant à la face de ces «gredins» ces deux vers narquois:

«Si la France pouvait connaître votre prix
Si le Siècle rendait justice aux beaux esprits.»

Cotin ne s'en relèvera pas. Ménage, plus habile, fera semblant de ne pas se reconnaître en Vadius. Mais il gardera une vive rancune à Colbert en déclarant amèrement:

«Aux yeux de Colbert, je ne suis ni savant ni bel esprit.»

LA SATIRE DES FEMMES SAVANTES

Molière reprend le sujet de sa première comédie de mœurs, *Les Précieuses ridicules* (1659), qui avait inauguré ses premiers succès parisiens et provoqué son engagement dans la Troupe de Monsieur. Il s'attaque encore à la préciosité mais en tenant compte des nouveaux travers et des nouvelles prétentions de cette «secte façonnière». Les précieuses veulent maintenant se donner un «air savant»; elles se passionnent pour l'étude des langues anciennes, pour la grammaire, la philosophie, la physique, la chimie, les mathématiques, l'astronomie.. Elles manipulent avec délices les cornues, les microscopes et les lunettes astronomiques. Elles fondent des académies avec un sens développé de la coterie («Nul n'aura de l'esprit hors nous et nos amis»).

Ce faux-semblant de culture et le pédantisme que ces femmes affichent, agacent et irritent Molière. C'est bien cette nouvelle forme de snobisme qu'il ridiculise dans *Les Femmes savantes*.

Mais cette fois, il a pris le temps de parfaire sa satire afin de fustiger à tout jamais ces bélîtres et ces façonnières, ainsi que tout le cercle de cuistres, de mauvais poètes, de sots savants qui gravitent autour d'elles en encourageant leurs manies.

Les caractères de ces femmes sont minutieusement mis au point et approfondis.

Au centre du cénacle règne la fière **Philaminte**, récemment convertie au stoïcisme (Cathos et Magdelon font piètre figure auprès d'elle). «Elle existe, elle tient, elle trône fortement en scène. Elle est vraiment la margrave du quartier du Marais. Jetée avec arrogance dans le bel esprit, elle écrase de haut. Elle se croit de l'Institut. Elle adopte la préciosité comme règlement et s'y conforme de façon péremptoire...» (Pierre Brisson, *Molière, sa vie dans ses œuvres*, éd. Gallimard).

«**Bélise,** à côté d'elle, n'est qu'une figure de répertoire, une **chère** barbouillée de fard, une grammairienne entêtée de minauderies, une toute folle, paupières basses aux regards chatouillants:

"Aimez-moi, soupirez, brûlez pour mes appas,
Mais qu'il me soit permis de ne le savoir pas."

Elle donne la perfection du genre par l'excès même de ses façons et l'inaltérable confiance qu'elle garde en ses charmes» (*ibid...*).

Armande se veut parfaite adepte et imitatrice de sa docte mère. Elle rebute ses amants et tout spécialement Clitandre. Ses conceptions rigides et éthérées de l'amour en font, selon le mot de Ninon de Lenclos, une «janséniste de l'amour». La philosophie est son refuge.

UNE INTRIGUE DE DRAME BOURGEOIS

Molière ne se contente pas de portraits achevés; il insère ces précieuses dans une intrigue plus consistante que celle des *Précieuses ridicules*. Ces trois femmes belliqueuses s'attaquent comme de véritables vipères au parti des «honnêtes gens» et aux âmes tendres: elles mettent un point d'honneur à ruiner le beau roman d'amour qui se développe entre le sage et séduisant Clitandre et la douce et charmante Henriette.

«La grâce – mieux encore: la lumière – de cette pièce est le rôle d'Henriette, type de la jeune fille telle que Molière la conçoit. Sur le charme de cette création tout a été dit: d'Henriette on a loué le naturel, la simplicité, la droiture. Je ne sais si on a assez remarqué le sourire qui relève d'un attrait piquant ce rare ensemble de qualités, sourire de moquerie légère et de fine raillerie. Aux reproches de sa sœur, aux injonctions de sa mère, à l'impudence d'un Trissotin, Henriette répond avec une ironie qui atteste qu'elle n'est pas dupe» (René Doumic, *Le Misanthrope de Molière*, Librairie Mellottée).

Ainsi deux partis radicalement opposés s'affrontent d'un bout à l'autre de la pièce: celui des irascibles prudes et fausses savantes prétentieuses (et de leurs acolytes masculins, les deux cuistres pédants) et celui des gens de bon sens simples et naturels qui veulent faire triompher l'amour des jeunes gens.

De ce point de vue, le projet de mariage de Clitandre et d'Henriette est bien le problème central de la pièce qui oriente toute l'action dramatique en l'animant par ses multiples rebondissements. Et dans cette même perspective, la comédie des *Femmes savantes* s'apparente à un drame bourgeois. C'est en effet l'histoire des tourments d'une famille divisée dont les principaux représentants sont les «époux ennemis», Philaminte et Chrysale.

Les relations conjugales sont abordées dans *Les Femmes savantes*. Molière pose le problème des rapports de subordination ou d'égalité entre le mari et la femme. C'est ce que l'on appellera plus tard, la «question de la lutte des sexes». Chrysale, Ariste et Martine sont pour le maintien de la tradition. Dans son langage réaliste et pittoresque, Martine déclarera: «Ce n'est point à la femme de prescrire», et encore, plus crûment: «La poule ne doit point chanter devant le coq» (Acte V, sc. 3). Chrysale clamera: «C'est moi qui tiens le rang de chef de la famille», et, s'adressant à Henriette:

«Je vous ferai bien voir que c'est à votre père
Qu'il vous faut obéir et non à votre mère.» (Acte V, sc. 3).

Pour sa part, Philaminte soutient naturellement la thèse inverse et se comporte comme une épouse dominatrice.

Autour de ces deux pôles (Philaminte et la voix de la préciosité d'une part, Chrysale et la voix du bon sens réaliste d'autre part), s'ordonne toute l'intrigue. Et jusqu'au dénouement, nous ne saurons pas qui obtiendra la main d'Henriette : le cuistre et cupide **Trissotin** – parasite dangereux mû par la convoitise – ou l'honnête et généreux **Clitandre**, animé d'un amour sincère et doté d'authentiques qualités d'esprit ?

Comme pour toute quête, interviendront, tout au long du parcours, des « adjuvants » et des « opposants », et le « héros », Clitandre, devra affronter de multiples épreuves avant de triompher. (Consulter le schéma « Les interactions » page 97.)

L'ÉDUCATION DES FEMMES

Molière reprend dans *Les Femmes savantes* le problème de l'éducation des femmes qui n'a cessé de le préoccuper. Ici se pose tout particulièrement la question du rôle des femmes dans la société. Mais pour ne pas fausser notre interprétation, nous devons replacer ce problème dans son contexte historique. Or, en 1672, l'éducation des femmes était fort négligée. Il faudra attendre Mme de Maintenon et Fénelon pour voir apparaître les premiers progrès. Contrairement à Agnès qui prétendait faire sa propre éducation en se fiant à ses instincts et à sa « nature » et en rejetant tout savoir livresque, les femmes savantes veulent égaler les hommes dans les plus « hautes régions » du savoir, notamment dans l'étude de la philosophie « qui [nous] monte au-dessus de tout le genre humain » (Armande, Acte I, sc. 1) ; mais également en grammaire (le souci du respect des règles de Vaugelas motivera à lui seul le renvoi de Martine). Il importe pour Philaminte de se conformer en matière de langage aux « lois d'usage et de raison » (Acte II, sc. 7). L'étude de l'astronomie est également recommandée (« On y sait comme vont lune, étoile polaire, / Vénus, Saturne et Mars », acte II, sc. 7).

Philaminte se veut aussi femme-auteur et projette de créer une académie féminine où l'on traiterait de philosophie, de sciences et de langage et où l'on pourrait s'illustrer par quelques « découvertes ». Son programme est clairement annoncé à la scène 2 de l'acte III. Elle évoque successivement avec ses adeptes, et dans une confusion tout à fait éloquente, les doctrines philosophiques de Platon, d'Épicure, des stoïciens et de Descartes...

Armande complète et conclut :

«Nous approfondirons ainsi que la physique,
Grammaire, histoire, vers, morale et politique.»

Voici donc le vaste programme de ces savantes «touche-à-tout». Aucun domaine de la connaissance ne leur paraît interdit. Elles sont aptes à tout. Ces ambitions démesurées dénoncent leur mégalomanie et surtout leur vanité et leur snobisme. Ces femmes ont «la passion choquante / De se rendre savante[s] afin d'être savante[s]» (Acte I, sc. 3). Ce n'est pas la curiosité intellectuelle qui les motive ni le sincère désir de s'instruire mais le sot projet de «faire état» de ce savoir livresque, forcément limité, pour s'imposer et prendre leur revanche sur le sexe masculin.

Clitandre – qui est en réalité le porte-parole de Molière sur ce point – ne dit pas autre chose dans sa célèbre tirade (Acte I, sc. 3) : «Je consens qu'une femme ait des clartés de tout.» Il ne condamne nullement le légitime désir de s'instruire, mais le pédantisme et la stupide volonté d'«éblouir» par l'étalage de connaissances superficielles. On ne peut être plus explicite et plus raisonnable :

«Et qu'elle ait du savoir sans vouloir qu'on le sache,
Sans citer les auteurs, sans dire de grands mots,
Et clouer de l'esprit à ses moindres propos.» (v. 224 à 226)

Par ailleurs, on s'est trop souvent appesanti sur l'esprit «pot-au-feu» de Chrysale. Mais Chrysale n'est pas l'interprète de Molière ! Nous connaissons sa faiblesse et sa lâcheté lorsqu'il se trouve confronté à sa femme. Sa diatribe célèbre (Acte II, scène 7, v. 558 à 614) le ridiculise dans ses prétentions de petit-bourgeois soucieux avant tout de préserver ses habitudes égoïstes et pantouflardes, de satisfaire ses besoins les plus terre-à-terre (son linge et sa mise, ses repas et sa tranquillité). Il nous amuse comme un guignol, comme un personnage de farce. De plus, comme l'a justement fait remarquer E. Faguet, «ce n'est pas sa pensée d'homme raisonnable que donne Chrysale, c'est sa pensée d'homme en colère». Dans son emportement, il ne se contrôle plus.

C'est donc bien Clitandre que nous devons écouter si nous voulons nous faire une juste idée de la pensée de Molière relativement à cette question de l'éducation des femmes.

LA PROGRESSION DE L'INTRIGUE

Cette comédie pourrait s'intituler «La Tyrannie de Philaminte». En effet, c'est Philaminte qui mène l'action d'un bout à l'autre de la pièce et qui domine Chrysale ainsi que tout le camp adverse jusqu'à l'avant-dernière scène comprise.

Le dénouement heureux et tout à fait artificiel (pour les besoins du genre comique) annihile son projet grâce à un de ces «coups de théâtre» magistraux dont Molière avait le secret.

Mais c'est encore cette maîtresse femme qui aura le dernier mot. L'analyse du schéma de la progression de l'intrigue (p. 98) est éloquente: nous voyons clairement que toutes les initiatives proviennent de Philaminte.

Les prises de positions de Chrysale ne sont que des «réactions» aux interventions de son épouse. Philaminte ne cesse de «gagner des points» (jusqu'au dénouement qui survient in extremis, à la scène finale). Presque constamment Chrysale cède (renvoi de Martine) ou se tait (Acte II, sc. 8) ou encore faiblit (Acte V, sc. 3) après des velléités de riposte (Acte IV, sc. 5; Acte V, s. 2, Acte V, début de la scène 3).

À la fin de la pièce (Acte V, sc. 3), Philaminte est sur le point de triompher de toutes les oppositions. Elle ne finit par céder que devant l'évidence: Trissotin démasqué se dérobe et bat en retraite. Mais nous remarquons que c'est encore Philaminte qui prend la décision ultime en imposant sa volonté aux deux amants:

> «Et je veux couronner vos désirs amoureux.
> Oui, j'accorde Henriette à l'ardeur empressée.» (v. 1734-35)

Chrysale, heureux et profondément soulagé, fait mine de s'incliner devant la «fatalité» de ces événements qui comblent ses vœux:

> «Je le savais bien, moi, que vous l'épouseriez.» (v. 1769)

Et nous ne pouvons que sourire (avec un peu de pitié) lorsqu'il s'efforce de réaffirmer son autorité dans une dernière pirouette, osée certes, mais qui ne convainc plus personne:

> «Allons, Monsieur, suivez l'ordre que j'ai prescrit,
> Et faites le contrat ainsi que je l'ai dit.» (dernier vers)

Ainsi, la morale bourgeoise est sauve et tout est bien qui finit bien dans le meilleur des mondes possibles.

LES INTERACTIONS

OPPOSANTS

PHILAMINTE
- **Femme savante**

Émancipation de la femme
Intelligence et ambition
Tyrannie
Pédantisme
Volonté, stoïcisme

ARMANDE
- **Précieuse (imitatrice)**

Sentimentalité refoulée
Jalousie
Méchanceté

BÉLISE
- **Précieuse ridicule**

Bêtise
Folie et nymphomanie

Voix de la prétention
Idéalisme - Préciosité
Tyrannie

ADJUVANTS

CHRYSALE
- **Bourgeois terre-à-terre**

Tradition: femme au foyer
Routine bornée
Soumission
Simplicité, rusticité
Velléité, faiblesse

ARISTE
- **Honnête homme**

Sagesse
Dévouement, habileté
Bonté

MARTINE
- **Servante dévouée**

Bon sens populaire
Lucidité et générosité

Voix du bon sens
Réalisme
Libéralisme

HENRIETTE
- **Jeune première**

Intelligence et charme
Amour sincère
Volonté

Contrainte — **Conquête du bonheur** — *Élan*

TRISSOTIN
- **« Bel esprit » ridicule**

Pédantisme
Possession
Méchanceté

→ EXCLU

CLITANDRE
- **Honnête homme séduisant**

Sincérité et naturel
Attirance et amour
Bonté et générosité

→ ÉLU

* VADIUS
- **Savant pédant**

Ridicule et maladroit

SCHÉMA DE LA PROGRESSION DRAMATIQUE
LES FEMMES SAVANTES

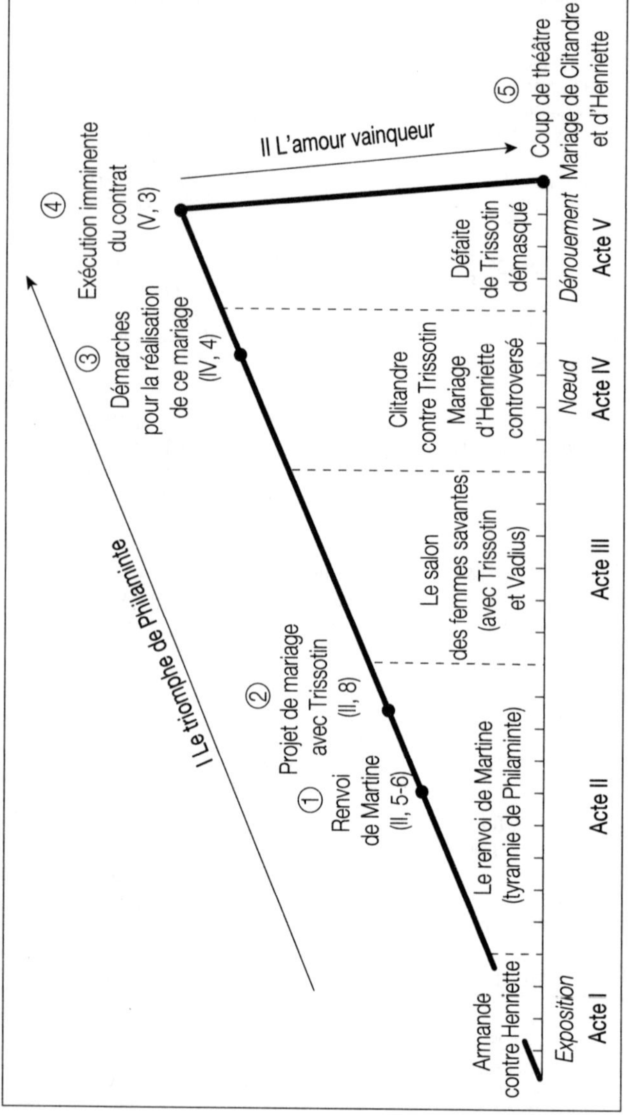

Lexique

Académie : cercle littéraire, réunion d'écrivains et de gens cultivés.

Amant : celui qui aime et qui est généralement payé de retour.

Amarante : d'un rouge très vif (comme la fleur du même nom).

Amusement : diversion, perte de temps.

Appas : ce qui sert à tromper ; attraits, charmes ; artifices, ruses (souvent au pluriel).

Atteinte : blessure.

Bailler : donner (langue populaire).

Billevesées : sottises, sornettes.

Bouts-rimés : poèmes improvisés à partir de rimes données.

Brimborions : menus objets hétéroclites.

Brocart : étoffe brochée avec des fils d'or, d'argent, de soie.

Céans : ici, dans cette maison.

Chagrin : accès de mauvaise humeur, colère.

Charmant : (de charme) qui exerce un attrait puissant, magique.

Cœur : courage.

Commerce : échange (de marchandises, de paroles, d'idées...), fréquentation.

Conduite : sagesse, réflexion.

Cuistre : (valet de collège), pédant.

Die : forme ancienne du subjonctif du verbe « dire ».

Églogue : poème pastoral.

Épigramme : poème très bref se terminant par un mot d'esprit.

Esprit : curiosité intellectuelle.

Estime : considération (bonne ou mauvaise).

Fat : sot.

Galant : distingué, élégant, raffiné ; poli, courtois.

Grimaud : écolier ignorant.

Haut-de-chausse(s) : culotte descendant jusqu'aux genoux.

Herbes : légumes.

Honnête homme : personne cultivée joignant la noblesse de sentiment à celle de la naissance, de société agréable, polie, discrète, de bon goût.

Hors de page : hors de l'enfance, émancipé.

Ithos : (du grec) sentiment qui émeut.

Jocrisse : personnage de farce ridicule, qui s'attire les coups de bâton.

Madame : titre donné à une femme ou à une fille de bourgeois.

Madrigal : bref poème galant pour une déclaration amoureuse.

Nommer : traiter.

Objet : personne aimée (en style galant).

Paraître : se faire remarquer dans le monde, se distinguer.

Pathos : (en grec) passion qui bouleverse.

Péronnelle : (issu d'un nom propre du XIVe s.) femme sotte et bavarde.

Rabats : collets empesés.

Ruelles : chambres où les précieuses recevaient.

Sciences : connaissances intellectuelles (y compris littéraires).

Sexe : le beau sexe, les femmes.

Soins : soucis, préoccupations.

Sollicitude : (mot vieilli au XVIIe s.) inquiétude.

Transport : manifestation d'une passion, en particulier de l'amour.

Truchement : interprète.

Vert galant : jeune homme entreprenant auprès des femmes.

Quelques citations

POUR OU CONTRE LE MARIAGE ?

Pour

« Et qu'est-ce qu'à mon âge on a de mieux à faire,
Que d'attacher à soi, par le titre d'époux,
Un homme qui vous aime et soit aimé de vous,
Et de cette union, de tendresse suivie,
Se faire les douceurs d'une innocente vie ?
Ce nœud bien assorti n'a-t-il pas des appas ? »

(Henriette, v. 20 à 25)

Contre

« Mon Dieu, que votre esprit est d'un étage bas !
Que vous jouez au monde un petit personnage,
De vous claquemurer aux choses du ménage,
Et de n'entrevoir point de plaisirs plus touchants
Qu'un idole d'époux et des marmots d'enfants !
Laissez aux gens grossiers, aux personnes vulgaires,
Les bas amusements de ces sortes d'affaires. »

(Armande, v. 26 à 32)

L'ÉDUCATION DES FEMMES

La libération par l'étude : la philosophie, clef de la sagesse

« Loin d'être aux lois d'un homme en esclave asservie,
Mariez-vous, ma sœur, à la philosophie,
Qui nous monte au-dessus de tout le genre humain
Et donne à la raison l'empire souverain,
Soumettant à ses lois la partie animale,
Dont l'appétit grossier aux bêtes nous ravale. »

(Armande, v. 43 à 48)

Le droit à l'instruction mais le devoir de discrétion

« Je consens qu'une femme ait des clartés de tout,
Mais je ne lui veux point la passion choquante
De se rendre savante afin d'être savante ;
Et j'aime que souvent, aux questions qu'on fait,
Elle sache ignorer les choses qu'elle sait ;
De son étude enfin je veux qu'elle se cache,
Et qu'elle ait du savoir sans vouloir qu'on le sache,
Sans citer les auteurs, sans dire de grands mots
Et clouer de l'esprit à ses moindres propos. »

(Clitandre, v. 218 à 226)

L'idéal bourgeois de Chrysale : la femme au foyer

« Il n'est pas bien honnête, et pour beaucoup de causes,
Qu'une femme étudie et sache tant de choses :
Former aux bonnes mœurs l'esprit de ses enfants,
Faire aller son ménage, avoir l'œil sur ses gens,
Et régler la dépense avec économie,
Doit être son étude et sa philosophie.
Nos pères, sur ce point, étaient gens bien sensés,
Qui disaient qu'une femme en sait toujours assez
Quand la capacité de son esprit se hausse
A connaître un pourpoint d'avec un haut-de-chausse.
Les leurs ne lisaient point, mais elles vivaient bien ;
Leurs ménages étaient tout leur docte entretien,
Et leurs livres, un dé, du fil et des aiguilles,
Dont elles travaillaient au trousseau de leurs filles. »

(Chrysale, v. 571 à 584)

La réaction outrée des femmes savantes

« C'est faire à notre sexe une trop grand offense
De n'étendre l'effort de notre intelligence
Qu'à juger d'une jupe et de l'air d'un manteau,
Ou des beautés d'un point, ou d'un brocart nouveau. »

(Armande, v. 857 à 860)

L'IDÉAL INTELLECTUEL DES FEMMES SAVANTES

La recherche

« Mais nous voulons montrer à de certains esprits,
Dont l'orgueilleux savoir nous traite avec mépris,
Que **de science aussi** les femmes sont meublées ;
Qu'on peut faire comme eux de doctes assemblées,
Conduites en cela par des ordres meilleurs ;
Qu'on y veut réunir ce qu'on sépare ailleurs,
Mêler le beau langage et les hautes sciences,
Découvrir la nature en mille expériences,
Et, sur les questions qu'on pourra proposer,
Faire entrer chaque secte et n'en point épouser. »

(Philaminte, v. 867-876)

La réforme du langage

« Pour la langue on verra dans peu nos règlements,
Et nous y prétendons faire des remuements.
Par une antipathie, ou juste ou naturelle,
Nous avons pris chacune une haine mortelle
Pour un nombre de mots, soit ou verbes ou noms,
Que mutuellement nous nous abandonnons ;
Contre eux nous préparons de mortelles sentences,
Et nous devons ouvrir nos doctes conférences
Par les proscriptions de tous ces mots divers
Dont nous voulons purger et la prose et les vers. »

(Philaminte, v. 899 à 908)

DES CONCEPTIONS DE L'AMOUR DIVERGENTES

L'amour précieux

« Mais nous établissons une espèce d'amour
Qui doit être épuré comme l'astre du jour. »

(Bélise, v. 1683-1684)

Le véritable amour selon Clitandre

« Il n'est rien de plus beau, comme vous l'avez dit,
Que ces vœux épurés qui ne vont qu'à l'esprit,
Ces unions de cœurs, et ces tendres pensées
Du commerce des sens si bien débarrassées ;
Mais ces amours pour moi sont trop subtilisés :
Je suis un peu grossier, comme vous m'accusez ;
J'aime avec tout moi-même, et l'amour qu'on me donne
En veut, je le confesse, à toute la personne. »

(Clitandre, v. 1219 à 1226)

Amour passion selon Henriette

« Cette amoureuse ardeur qui dans les cœurs s'excite,
N'est point, comme l'on sait, un effet du mérite ;
Le caprice y prend part, et quand quelqu'un nous plaît,
Souvent nous avons peine à dire pourquoi c'est. »

(Henriette, v. 1497 à 1500)

PHILOSOPHIE ET SAGESSE

« Il n'est pour le vrai sage aucun revers funeste,
Et, perdant toute chose, à soi-même il se reste. »

(Philaminte, V. 1707-1708)

Jugements critiques

LES CONTEMPORAINS DE MOLIÈRE

Une pièce amusante

«On y est bien diverti tantôt par ces précieuses, ou femmes savantes, tantôt par les agréables railleries d'une certaine Henriette, et puis par les ridicules imaginations d'une visionnaire qui se veut persuader que tout le monde est amoureux d'elle. Je ne parle point du caractère d'un père, qui veut faire croire qu'il est le seul maître dans sa maison, qui se fait fort de tout quand il est seul, et qui cède tout dès que sa femme paraît. Je ne dis rien aussi du personnage de M. Trissotin qui, tout rempli de son savoir et tout gonflé de la gloire qu'il croit avoir méritée, paraît si plein de confiance de lui-même, qu'il voit tout le genre humain fort au-dessous de lui.»

Donneau de Visé, *Le Mercure galant*, 12 mars 1672.

Une comédie «incomparable»

«Pour la comédie des *Femmes savantes*, je l'ai trouvée un des plus beaux ouvrages de Molière; la première scène des deux sœurs est plaisante et naturelle; celle de Trissotin et de Vadius, le caractère de ce mari qui n'a pas la force de résister en face aux volontés de sa femme et qui fait le méchant quand il ne la voit pas, tout cela est incomparable.»

Bussy Rabutin, avril 1673.

Une pièce un peu trop «savante»

«Sa dernière [comédie] a été *Les Femmes savantes*, ou *Trissotin* comme on la nommait auparavant la représentation. On l'a trouvée fort plaisante, mais un peu trop savante.»

Huygens, 1672.

AUX XVIIIe ET XIXe SIÈCLES

Molière moraliste

« Molière, ce législateur dans la morale et dans les bienséances du monde, n'a pas assurément prétendu, en attaquant les femmes savantes, se moquer de la science et de l'esprit. Il n'en a joué que l'abus et l'affectation. »

Voltaire, *Dédicace d'Alzire à Mme du Châtelet*, 1736.

Inimitable Molière

« Molière est souvent inimitable. Il a des scènes monosyllabiques entre quatre à cinq interlocuteurs, où chacun ne dit que son mot mais ce mot est dans le caractère et le peint. Il est des endroits dans *Les Femmes savantes*, qui font tomber la plume des mains. Si l'on a quelque talent, il s'éclipse. On reste des jours entiers sans rien faire. On se déplaît à soi-même. Le courage ne revient qu'à mesure qu'on perd la mémoire de ce qu'on a lu, et que l'impression qu'on en a ressentie se dissipe. »

Diderot, *Discours sur la poésie dramatique*.

L'actualité de Molière

« Aimer Molière, c'est n'être pas disposé à aimer ni le faux bel esprit, ni la science pédante ; c'est savoir reconnaître à première vue nos Trissotins et nos Vadius jusque sous leurs airs galants et rajeunis ; c'est ne pas se laisser prendre aujourd'hui plus qu'autrefois à l'éternelle Philaminte, cette précieuse de tous les temps, dont la forme seulement change et dont le plumage se renouvelle sans cesse ; c'est aimer la santé et le droit sens de l'esprit chez les autres comme pour soi. »

Sainte-Beuve, *Aimer Molière*.

XXe SIÈCLE

Inavouable Chrysale

« On rit et on rira toujours aux *Femmes savantes*, mais je ne crois pas que ce soit au bon sens de Chrysale qu'aillent maintenant les applaudissements. Ce bonhomme de Chrysale, qui survivra encore longtemps en chacun de nous, est devenu quelqu'un de vraiment inavouable, même à soi-même. Le bon sens, du moment où il accepte cette figure-là, est presque compromettant pour les spectateurs qui en sont épris. »

Marcel Aymé, *Philaminte avait raison*.

Une pièce trop parfaite ?

« "Pièce longuement méditée donc, écrite à loisir ; pièce qui entendait être achevée". Cela n'est pas indifférent pour la juger, expliquer ce qu'elle peut avoir d'apprêté, et même – que l'on nous pardonne cette réserve – d'un peu froid.

Nous croirions assez que le meilleur Molière se trouve dans ses œuvres plus lestement menées et plus spontanées. »

Georges Couton, *Molière, Œuvres complètes*, La Pléiade, 1971.

L'ambiguïté chez Molière

« Ce serait une erreur que d'identifier [Molière] au bonhomme Chrysale. Nous avons tous appris à l'école que sa véritable pensée s'exprime notamment par la bouche de Clitandre : "Je consens qu'une femme ait des clartés de tout..."

Molière est-il aussi blanc qu'on le voudrait sur ce chapitre ? Je n'en suis pas si sûr. Outre les préjugés de son époque normalement marqués en lui, il a souffert des femmes ; il est porté à se venger de leur frivolité en les rabaissant. »

Roger Ikor, *Molière double*, P.U.F., 1977.

La riche personnalité de Philaminte

« Philaminte est non seulement une personnalité puissante mais sans doute le personnage de femme le plus remarquable, le pus complexe et profond, le plus riche, le plus fouillé que Molière ait créé [...]. Elle a un relief égal à celui des plus grands hommes, Arnolphe, Alceste, Tartuffe. »

Roger Ikor, *op. cit.*

Chrysale, l'anti-héros

« Chaque représentation des *Femmes savantes* permet de le vérifier : si épars que soit son esprit, Chrysale emporte toujours l'adhésion du public, et non seulement des mâles. L'humanité ordinaire salue en lui son héros, le héros de la médiocrité satisfaite, de la trivialité triomphale, aux prises avec les prétentions de l'esprit. Il donne sa revanche à la bête sur l'ange. L'échec de Dom Juan et d'Alceste est définitif. Ni héroïsme cornélien ni angoisse pascalienne, tout dépassement de la condition humaine sombre dans le ridicule. »

Alfred Simon, *Molière, une vie*, La Manufacture, 1988.

Index thématique

Infidélité: v. 1537-1542.

Ironie: v. 54-72; v. 78-84; v. 159-161; v. 169-176; v. 192-194; v. 391; v. 821-822; v. 1088; v. 1305-1310; v. 1411-1414; v. 1417-1426; v. 1549-1560.

Jalousie: v. 1139-1152; v. 1167-1174.

Lâcheté: v. 510; v. 677-696; v. 1716-1718; v. 1721-1726.

Langage: v. 459-462; v. 465-466; v. 475-476; v. 477-478; v. 515-520; v. 521-524; v. 899-908; v. 909-918; v. 922-926; v. 1601-1611.

Mariage: v. 8-32; v. 1647-1652; v. 1655-1660; v. 1662-1670; v. 1189-1212; v. 1213-1234; v. 1647-1670.

Pédantisme: v. 1275-1280; v. 1283-1284; v. 1295-1296; v. 1299-1300; v. 1304; v. 1307-1308; v. 1356-1382; v. 1655-1660.

Philosophie: v. 44-48; v. 539-548; v. 847-850; v. 877-884; v. 895-898; v. 1145-1147; v. 1543-1548; v. 1550-1558.

Poésie précieuse: v. 747-754; v. 969-982; v. 1255-1262.

Préciosité: Acte I, sc. 1 (propos d'Armande); v. 276-286; v. 313-318; v. 515-520; v. 535-540; v. 544-548; v. 552-554; v. 616-620; Acte II, sc. 1 et 2; v. 1061-1074; v. 1189-1212.

Querelle: v. 988-1044; Acte IV, sc. 3

Retournement de situation: v. 990 et fin de la scène; v. 1733-1735; v. 1736-1737; v. 1749-1754; v. 1759-1764.

Sagesse: v. 1543-1548; v. 1695-1698; v. 1706-1710.

Snobisme: v. 924.

Tradition bourgeoise: v. 571-606; v. 1647-1652.

Tyrannie: v. 663-676; v. 1405-1410; v. 1535-1536.

Plans et sujets de travaux

SUJETS TRAITÉS

Plan d'analyse linéaire

Acte I, scène 1 : tirade d'Henriette (v. 53 à 72)

Introduction et impression d'ensemble

1. *Resituer le passage dans la pièce* (Acte I, sc. 1) afin de mettre en évidence les objectifs de l'auteur : scène d'exposition qui doit permettre de faire connaissance avec les principaux personnages (ici Armande – pédante et orgueilleuse – et Henriette – modeste et pleine de bon sens – mais aussi capable d'ironie.)

2. *Mesurer l'intérêt de l'opinion d'Henriette dans cette tirade*

– Elle met en valeur, par contraste, les conceptions des femmes savantes.

– Présentation du tempérament propre d'Henriette en mettant en évidence son double jeu : **le masque**, ce qu'elle veut paraître, une ignorante dépourvue d'esprit, bourgeoise et « matérialiste », voire grossière ; **la réalité** (cachée) : une instruction certaine, un esprit fin, intelligent et malicieux.

Ses motivations : les « exagérations » d'Henriette correspondent à son désir profond de réaction contre les « chimères », les visions idéalistes et la pédanterie des femmes savantes qui, par surcroît, s'apprêtent à menacer son bonheur personnel.

Plan

En réponse à un conseil intéressé d'Armande (refuser le mariage conformément à son exemple en s'adonnant aux sciences et à la philosophie), Henriette :

1. *Énonce un principe général reflétant son opinion (v. 53-54) :*

Chaque individu est différent des autres (aptitudes et dispositions innées). Henriette transpose une affirmation philosophique en un registre de langage à dessein familier (métaphore filée terre-à-terre : « fabrique, étoffe, taillée ») afin de « choquer » la précieuse Armande.

2. *L'illustre par l'exemple de leurs personnalités différentes (v. 57-60)*

Elle utilise le procédé du parallélisme afin de mieux faire ressortir les oppositions de caractère entre sa sœur (v. 57-58) et elle-même (v. 59-60). Noter encore le changement de registre de langue:

– soutenu et affecté dans les deux premiers vers («élévations, spéculations»),

– familier dans les deux vers suivants («terre-à-terre, petits soins, faible, resserre»).

Elle feint la sottise et l'ignorance (en ce qui la concerne). Cette fausse modestie est ironique.

3. *Énonce les conséquences pratiques (existentielles) de ces constatations (v. 61 à 66).*

Donc il importe de se conformer aux données de la nature (volonté divine) et de suivre son destin individuel (v. 61-62):

> «Ne troublons point du ciel les justes règlements
> Et de nos deux instincts suivons les mouvements.»

Puis Henriette développe – toujours selon le procédé du parallélisme antithétique – les implications (applications) pratiques de cette «fatalité»: elle donne à son tour des conseils (narquois), v. 63-66:

> «Habitez, par l'essor d'un grand et beau génie,
> Les hautes régions de la philosophie,
> Tandis que mon esprit, se tenant ici-bas,
> Goûtera de l'hymen les terrestres appas.»

4. Pour parfaire la démonstration et répondre à Armande qui lui reprochait (v. 37 à 39) de ne pas suivre l'exemple de leur mère Philaminte, Henriette reprend fort à propos l'allusion en affirmant qu'*elle se conforme parfaitement à ce «modèle» commun*: en imitant un autre aspect (complémentaire) de la personnalité de Philaminte (le côté naturel et réaliste) (v. 67 à 72). D'où un nouveau développement antithétique (v. 67 à 72) avec une insistance (itération):

> «[...] Vous, du côté de l'âme et des nobles désirs,
> Moi, du côté des sens et des grossiers plaisirs;
> Vous, aux productions d'esprit et de lumière,
> Moi, dans celles, ma sœur, qui sont dans la nature.»

N.B. Au fil de l'explication on montrera que le langage d'Henriette révèle deux traits importants de son caractère:

– **son ironie**: lorsqu'elle parle de sa sœur, elle utilise le style précieux et affecté: «élévations, spéculations, âme, nobles désirs, productions

d'esprit et de lumière». Mais alors qu'elle se dépeint elle-même, elle utilise des termes du langage bourgeois, réalistes et même familiers: «terre-à-terre, petits soins, faible, sens, grossiers plaisirs, matière». Ces exagérations révèlent ses qualités de fine psychologue mais aussi sa malice et son intelligence.
- **sa libre franchise**: en jeune fille libérée, elle se permet des libertés de langage frôlant (mais n'outrepassant cependant jamais) la décence.

Conclusion

Cette tirade nous éclaire principalement sur **la psychologie et sur la personnalité d'Henriette** (jeune fille intelligente et pleine de bon sens aimant le naturel et la simplicité, d'un caractère franc et réaliste. Opposée à l'affectation et à l'hypocrisie (comme Molière), elle est capable d'user de l'ironie pour révéler le ridicule de la pédanterie qu'elle exècre. Remarquons en outre que **le thème principal de la pièce est annoncé**: opposition entre le bon sens, le naturel des esprits sains et l'affectation des «précieux».

Plan de commentaire composé

Acte I, sc. 1. vers 53 à 72

Henriette et la satire des femmes savantes

1. Une solide argumentation en forme de syllogisme

Proposition majeure (v. 53-54). Proposition mineure (v. 57-60). Conclusions (v. 61-72) subdivisées elles-mêmes en deux parties: conséquences pratiques individuelles (v. 61 à 66); fidélité à l'exemple maternel (v. 67 à 72).

2. L'ironie de la satire

- Flatterie outrancière (narquoise) et fausse modestie.
- Henriette utilise le procédé dit de «focalisation interne» en présentant sur un ton ironique le point de vue d'Armande (l'ironie repose précisément sur le fait d'affirmer le contraire de ce que l'on pense).

3. La portée et l'intérêt du message

- Révélation du tempérament d'Henriette (personnage encore mal connu des spectateurs).
- Révélation des «chimères» des femmes savantes (par l'intermédiaire d'Armande).
- Annonce (dans cette scène d'exposition) du problème central de la pièce (opposition des deux «clans» sur la question cruciale de l'éducation des femmes).

4. Les procédés de style au service de la pensée
- Effets de parallélisme et d'oppositions dans les structures linguistiques et au niveau lexical (antithèses) qui sont le reflet des prises de positions contradictoires.
- Alternance des registres de langue (précieux et emphatique en ce qui concerne Armande; familier et terre-à-terre pour ce qui concerne Henriette).

Plan de dissertation

« Philaminte est non seulement une personnalité puissante mais sans doute le personnage de la femme le plus remarquable, le plus complexe et profond, le plus riche, le plus fouillé que Molière ait créé [...] elle a un relief égal à celui des plus grands hommes, Arnolphe, Alceste, Tartuffe. »

(Roger Ikor, *Molière double*)

Approuvez-vous ce jugement? Appuyez votre réponse sur des éléments précis tirés des *Femmes savantes*. Composez le portrait de Philaminte à travers son comportement.

Conseils: Recherchez les différents « visages » de Philaminte:
- la précieuse (Acte II, sc. 2);
- la femme philosophe (Acte II, sc. 2);
- le chef de famille autoritaire (*cf.* étude littéraire de la pièce);
- la femme tyrannique: avec Martine (Acte II, sc. 6), avec son mari (Acte II, sc. 8 et chaque fois qu'elle s'oppose à la volonté de Chrysale), avec Henriette, avec Clitandre (Acte IV, sc. 1 et 2), avec Armande qu'elle abandonne (Acte V, sc. 4);
- femme imaginative et entreprenante (projet de création d'une académie de femmes, Acte III, sc. 2);
- femme bornée et obstinée manquant parfois de jugement (Acte IV, sc. 4);
- femme négligente pour ce qui concerne son ménage et sa fortune (perte du procès);
- femme stoïque et généreuse (revirement final, v. 1690 à 1698 et vers 1706-1710).

SUGGESTIONS DE TRAVAUX

Sujet de dissertation

Dans sa pièce des *Femmes savantes*, Molière n'a pas simplement voulu refaire le procès des *Précieuses ridicules* ni se limiter à la satire directe contre Cotin. Il faut chercher plus profondément le thème qui donne à toute la pièce son sens et son unité. Molière traite en fait des rapports entre l'homme et la connaissance.

Développez cette thèse en révélant ce que Molière condamne et ce qu'il recommande.

Si nous nous contentons d'un regard superficiel (qui fut sans doute celui des spectateurs du XVIIe siècle), *Les Femmes savantes* apparaissent comme une simple comédie de mœurs dont le thème central serait la satire d'une nouvelle forme de la préciosité au XVIIe siècle.

Cependant, nous sommes quelque peu gênés par le manque d'unité de la pièce vue sous cet angle. L'intrigue principale est bien constituée par la quête du bonheur d'Henriette (promise à Trissotin alors qu'elle aime Clitandre), avec ses adjuvants et ses opposants (formant les traditionnels partis opposés, l'un sympathique, l'autre antipathique). Molière aurait pu se contenter de ces éléments pour évoquer le drame d'une famille bourgeoise. Trissotin aurait pu être, comme dans tant de comédies, un vieux barbon du type d'Arnolphe dans *L'École des Femmes*.

Mais, à l'analyse, nous avons le sentiment que Molière a subtilement glissé à l'intérieur de cette intrigue traditionnelle des «tableaux» satiriques qui lui tenaient à cœur et qui peut-être furent à l'origine de son projet. Parmi eux, les plus évidents sont :

- À l'acte I, la scène 3 où Clitandre expose à Henriette sa conception sur l'éducation des femmes.
- Peut-être le renvoi de Martine, au centre de l'acte II (scène 6) qui n'a pas uniquement une fonction comique et qui contient la célèbre diatribe de Chrysale.
- À l'acte III, la grande peinture du salon de Philaminte avec Trissotin et Vadius, puis leur querelle (scènes 1-2-3).
- À l'acte IV, la dispute qui oppose Clitandre et Trissotin.

Ainsi observée, la pièce peut en effet paraître manquer d'unité en raison même de ces «morceaux» hétéroclites qui alourdissent l'intrigue proprement dite même s'ils sont habilement teintés de préciosité pour ne pas trop détonner dans l'atmosphère générale.

Alors, faut-il chercher ailleurs un autre facteur d'unification ?

Précisément, nous devons prendre appui sur les «écarts» (les «pièces rapportées» citées plus haut) pour comprendre l'intention moliéresque profonde qui anime et unifie toute la pièce. Ces passages merveilleusement travaillés traitent tous du rapport des hommes et des femmes avec le savoir, du rapport à la connaissance. Alors, comme par un coup de baguette magique, le chaos apparent et superficiel s'ordonne et disparaît pour laisser place à un grand courant unificateur qui traverse la comédie des *Femmes savantes* de l'exposition jusqu'au dénouement.

La condamnation du pédantisme sous toutes ses formes

L'illusion des femmes savantes : superficialité des connaissances et snobisme

Ces précieuses qui en ont assez d'être « ridicules », ont décidé d'être savantes (avec l'arrière-pensée de ne plus être en état d'infériorité par rapport aux hommes). Ne nous hâtons pas de les condamner. Les mouvements féministes ont au moins ce mérite de vouloir rétablir un injuste ostracisme. Mais si l'effort est louable, les excès et les méthodes le sont moins.

Élevées dans la bonne bourgeoisie et n'ayant pu bénéficier (ce n'est pas leur faute) d'un « cursus universitaire » sérieux et méthodique, elles se targuent néanmoins de vouloir tout connaître et leur orgueil les aveugle totalement. ELles se croient expertes en « physique, grammaire, histoire, vers, morale et politique ». Sans aucune base solide, elles se déclarent presque « docteurs en philosophie » alors que nous constatons qu'elles interprètent de façon plus que légère les pensées de Platon, d'Aristote, des philosophes stoïciens (à travers Sénèque ?), d'Épicure, de Descartes... Elles se contentent d'à-peu-près et de superficialité. Il s'agit simplement « d'éblouir la galerie ».

Comment ne pas les taxer de snobisme ? C'est ce qui motive la révolte de Molière qui, lui, contrairement à ces pédantes, avait fait au Collège de Clermont de solides études de philosophie très vraisemblablement sous la direction de Gassendi et dont l'ami fut La Mothe Le Vayer (ancien précepteur du dauphin). Molière n'avait-il pas également été l'un des premiers traducteurs du *De Natura Rerum* (*De la Nature*) de Lucrèce ?

Une fausse culture de cuistre

Au XVIIe siècle, le sens du mot « cuistre » n'est pas très différent de son acception actuelle. Étymologiquement, le mot « cuistre » provient de « marmiton ». Puis on désigna ainsi les « surveillants de collège ». À partir du XVIIe siècle, le mot prend un sens voisin de son acception actuelle : « pédant, personne qui étale plus de connaissance qu'elle ne montre de jugement ». Mais il y a des nuances dans la pédanterie et nous voudrions insister moins sur l'affectation du savoir que sur la sotte accumulation de connaissances hétéroclites, parfois désuètes et mal maîtrisées. Le cuistre reste une sorte de mauvais cuisinier qui accumule les ingrédients au hasard de ses découvertes , ce qui donne une sorte de « ratatouille » indigeste. Le cuistre est un pédant « encrassé ». En ce sens Vadius nous apparaît comme le type même du cuistre accompli. Trissotin le traite de « grimaud », c'est-à-dire d'écolier qui en est encore aux rudiments, et de « barbouilleur de papier ». Une magnifique peinture de ces mauvais érudits stériles nous est donnée par Clitandre (vers 1371 à 1383) :

> « ... en science ils sont des prodiges fameux (...)
> Pour avoir employé neuf ou dix mille veilles
> À se bien barbouiller de grec et de latin,
> Et se charger l'esprit d'un ténébreux butin
> De tous les vieux fatras qui traînent dans les livres :
> Gens qui de leur savoir paraissent toujours ivres,
> Riches, pour tout mérite, en babil importun,
> Inhabiles à tout, vides de sens commun,
> Et pleins d'un ridicule et d'une impertinence
> À décrier partout l'esprit et la science.".

Tout est dit. Non seulement ces "barbouillés" sont stupides, mais de plus, ils discréditent (c'est le sens de « décrier ») l'esprit scientifique. Aussi Clitandre ne se gênera-t-il pas pour dire tout net son opinion :

> « Et c'est mon sentiment qu'en faits, comme en propos
> La science est sujette à faire de grands sots. ».

Et encore :

> « ... et je vous suis garant
> Qu'un sot savant est plus sot qu'un sot ignorant. »

Un autre exemple de cuistrerie de ce type nous sera offert par Molière en la personne de Thomas Diafoirus. Son père dit de lui qu'il « n'a jamais eu l'imagination bien vive » et il ajoute avec la plus parfaite inconscience : « Ce qui me plaît le plus en lui, et en quoi il suit mon exemple, c'est qu'il s'attache aveuglément aux opinions de nos anciens, et que jamais il n'a voulu comprendre ni écouter les raisons et les expériences des prétendues découvertes de notre siècle, touchant la circulation du sang, et autres opinions de même farine. » (Acte II, scène 4).

C'est bien là la preuve que non seulement les cuistres sont inutiles mais que, par surcroît, ils entravent les progrès scientifiques.

Parmi les cuistres, se trouvent les plagiaires « prodiges fameux/ Pour savoir ce qu'ont dit les autres avant eux » et nous savons que tel était le plus grand reproche adressé à Ménage sous son déguisement de Vadius. Trissotin ne se prive pas de le clamer en le traitant « d'impudent plagiaire » et en lui intimant ce perfide conseil :

« Va, va restituer tous les honteux larcins
Que réclament sur toi les Grecs et les Latins. ».

La vanité des pédants

Mais il est un aspect de la pédanterie encore plus détestable et qui révolte encore Molière. C'est une chose ridicule que de se scléroser par la vaine accumulation d'un fatras de connaissances confuses et mal assimilées ; c'en est une autre – beaucoup plus odieuse – que de s'en glorifier et d'en tirer vanité. À cet égard, la scène 2 de l'acte III est tout à fait exemplaire. On y voit Trissotin faire excès de fausse modestie tout en savourant avec une ineffable jouissance (« Hay, Hay ! ») les compliments dithyrambiques des précieuses et en prenant un plaisir extrême à leurs démonstrations hystériques et à leurs pâmoisons.

Après la dispute qui l'opposa à Vadius, il a l'audace hypocrite de faire croire qu'il s'est battu, non pour soutenir son mérite personnel, mais pour défendre l'excellence du jugement de Philaminte :

« À mon emportement ne donnez aucun blâme :
C'est votre jugement que je défends, madame,
Dans le sonnet qu'il a l'audace d'attaquer. »
(vers 1045-1047).

D'ailleurs la querelle elle-même révélait suffisamment l'auto-satisfaction des deux pédants, Trissotin se glorifiant même d'avoir l'insigne honneur d'être davantage critiqué par Boileau :

« (Il) ne t'a jamais fait l'honneur de redoubler
Mais il m'attaque à part, comme un noble adversaire
Sur qui tout son effort lui semble nécessaire ;
Et ses coups contre moi redoublés en tous lieux
Montrent qu'il ne se croit jamais victorieux. ».

N'est-ce pas le comble de l'hypocrisie et de la mauvaise foi !

Le terrorisme intellectuel

Mais il y a plus grave encore que la vanité et la sotte suffisance dues au « savoir obscur de la pédanterie ». Les pédants, par leur influence sont fort dangereux par la tyrannie intellectuelle qu'ils exercent sur leurs naïfs admirateurs (ou admiratrices) dépourvus d'esprit critique. Armande, de ce point de vue est une victime. Son désir de se « marier » avec la philosophie (sous la pression de Philaminte) favorise sa tendance morbide au refoulement de sa sensibilité. Henriette heureusement ne suivra pas son conseil :

« Mariez-vous, ma soeur, à la philosophie,
Qui nous monte au-dessus de tout le genre humain,
Et donne à la raison l'empire souverain,
Soumettant à ses lois la partie animale,
Dont l'appétit grossier aux bêtes nous ravale. »
(vers 44 à 48).

La philosophie n'est pour elle qu'un refuge contre les difficultés de l'existence et non un libre choix destiné à son épanouissement personnel. Elle ne fait que suivre l'incitation maternelle avec une fierté bien suspecte :

À l'esprit comme nous donnez-vous toute entière.
Vous avez notre mère en exemple à vos yeux,
Que du nom de savante on honore en tous lieux :
Tâchez ainsi que moi de vous montrer sa fille,
Aspirez aux clartés qui sont dans la famille..."
(vers 36-40).

Armande paiera d'ailleurs très chèrement cette admiration à deux reprises : lorsqu'elle se décide, grâce à un immense effort de volonté à accepter les conceptions de Clitandre et qu'elle se heurte à un refus catégorique et méprisant :

« Il n'est plus temps, madame : une autre a pris la place. »
(vers 1241).

et lorsqu'à la fin de la pièce, elle est purement et simplement abandonnée et « sacrifiée » par l'ingrate Philaminte qui la renvoie à son amour pour la philosophie (vers 1770 à 1773), on imagine alors son immense désarroi.

Quant à Bélise, en raison de sa faiblesse d'esprit, elle devient à moitié folle comme le révèle son comportement nymphomane et ses derniers propos (vers 1174 à 1176) qui dénotent une totale confusion mentale.

Philaminte devient donc l'instrument de ce terrorisme intellectuel qu'elle fait régner dans son entourage (au moins sur ceux qui partagent son idéal). Armande, la plus touchée, se fait l'écho de cet inquiétant dogmatisme :

> « Nous serons par nos lois les juges des ouvrages ;
> Par nos lois, prose et vers, tout nous sera soumis.
> Nul n'aura de l'esprit hors nous et nos amis. »
> (vers 922- 924).

Et Martine (qui n'a d'autre défense que son bon sens et ses éclats de voix) sera renvoyée pour simple manquement aux bons usages grammaticaux.

Les perspectives d'avenir ne sont guère plus rassurantes si l'on en juge par le projet de création d'une académie de femmes savantes dont Philaminte a déjà fixé si impérativement les rigoureux statuts (Acte III, sc. 2). Autre conséquence navrante de cette passion déréglée pour les « choses de l'esprit » : Philaminte laisse son ménage dans le plus grand désordre (et c'est là peut-être une excuse à la grande colère de Chrysale à bout de nerfs , acte II, scène 7, vers 558 à 614). Pis, elle néglige complètement les intérêts financiers de sa famille (ce qui lui fera perdre son procès).

L'intérêt et la cupidité

Molière nous révèle un aspect encore plus répugnant des pédants à la ressemblance de Trissotin. En effet, si ces deux personnages ne recherchaient que leur gloire personnelle, cela pourrait encore se pardonner au nom de l'égoïsme inhérent à la nature humaine. Mais là ne se limite pas leurs ambitions et leurs objectifs profonds sont d'autre nature. Nous comprenons que leur grand maître est l'argent. Ils veulent tirer un bénéfice substantiel de leur réputation et c'est par là qu'ils se révèlent « nocifs », à l'instar de leur frère Tartuffe, envers l'État et envers les familles (ce que leur rappelle Clitandre : v. 1356 à 1368).

Passe encore pour les demandes de pensions et de gratifications. Trissotin et Vadius confient leur amertume après le rude coup que fut pour eux la suppression des gratifications allouées par Colbert à Ménage et à Cotin :

> « – Si la France pouvait connaître notre prix...
> – Si le siècle rendait justice aux beaux esprits... »

Il est vrai que les écrivains en étaient réduits à de telles démarches auprès du Roi pour subsister et Molière lui-même n'en était pas exempt. Mais nombre de pédants médiocres épuisaient ainsi les caisses du Royaume (sans aucune justification de mérite).

L'odieux Trissotin va beaucoup plus loin et n'hésite pas (comme Tartuffe) à abuser de son influence et de la confiance de ses admiratrices pour ruiner toute une famille. Vadius l'a dénoncé comme étant un « coureur de dot ». Hypocrite aux griffes acérées, démoniaque même et cynique, il se sert de la tyrannie d'une mère sur l'innocente Henriette pour parvenir à ses fins mercantiles et il ne lâchera prise que grâce à l'habile subterfuge du lucide Ariste. C'est un escroc de la pire espèce.

La recommandation d'une saine attitude intellectuelle

La science et la connaissance sont utiles à l'humanité

L'opinion personnelle de Molière ressort spontanément de cette exhaustive et pertinente satire.

En fait, Molière voudrait tout d'abord que soient réservées aux véritables « savants » dignes de ce nom, les disciplines intellectuelles et scientifiques dans lesquelles ils se sont spécialisés et où ils se sont rendus dignes d'estime et d'admiration par leur compétence et le sérieux de leurs recherches. C'est un hommage que rend en définitive Molière à ses Maîtres, notamment aux grands philosophes de l'Antiquité et aux plus proches hommes de science, philosophes, grammairiens et écrivains de son temps.

Il faut bien comprendre que Molière ne condamne nullement la curiosité intellectuelle et qu'il recommande la pratique de l'étude à ces bourgeoises distinguées. On a assez souvent répété la claire affirmation de Clitandre, son porte-parole :« Je conçois qu'une femme ait des clartés de tout » (*concevoir* n'implique pas ici une concession restrictive mais une « compréhension ». Et « des clartés de tout » peut se traduire en langage actuel par « culture générale »).

D'autre part, Molière reconnaît parfaitement l'intérêt et la valeur épanouissante de la science et du savoir pour l'humanité tout entière :

> « Ce sont choses de soi qui sont belles et
> bonnes. » (Acte IV, sc. 3, vers 1278).

Mais il refuse simplement que l'on fasse étalage de sa culture (vers 219 à 226).

Ce qu'il condamne à juste titre, c'est donc bien le pédantisme, la cuistrerie et l'ignoble terrorisme intellectuel ; en fait, tout ce qui manifeste l'hypocrisie et la vanité, sans parler des ridicules déformations dues à la mode précieuse qui sévit notamment sur la langue française pour son plus grand mal. Déjà *Les Précieuses ridicules* attaquaient ces niaiseries, ce « galimatias » du style figure, ces « amusements » de faux beaux esprits qui hantaient le monde des ruelles pour divertir leur oisiveté en prenant des « airs galants ».

Le respect de la féminité

Certes, Molière, ami des femmes, souhaitait mieux pour elles que ces modèles ridicules qu'il met en scène et il n'est pas infâmant pour sa mémoire de prétendre qu'il ne voulait pas qu'elles perdent les charmes de leur féminité. La discrétion et la pudeur (non la pruderie) font également partie des qualités féminines.

En un mot, Henriette, qui a sans doute autant de connaissances que sa soeur Armande (mais qui n'en fait pas étalage), et qui sait au besoin manier l'ironie (preuve de son intelligence), ne renonce pas pour autant à son charme naturel, à sa grâce ni à son pouvoir de séduction. Elle n'a pas non plus honte de ses désirs amoureux. Ce personnage féminin représente sans aucun doute un idéal pour Molière (qui avait confié le rôle à son épouse retrouvée après la douloureuse épreuve d'une séparation).

L'idéal de l'honnête homme

Mais au delà de la « question féminine », Molière recommande, par l'intermédiaire de Clitandre, l'idéal de « l'honnête homme » parfaitement intégré à la bonne société de son temps. Rappelons que selon cette conception, l'honnête homme devait être « une personne *cultivée*, joignant la noblesse de sentiments à celle de la naissance, (et être) de société agréable par sa probité, sa discrétion et son goût ».

Or, pour Molière, la Cour est la meilleure école du bon goût. Clitandre le dit nettement à Trissotin :

> « ...vous feriez fort bien, vos confrères et vous,
> De parler de la Cour d'un ton un peu plus doux ;
> Qu'à le bien prendre, au fond, elle n'est pas si bête
> Qu'elle a du sens commun pour se connaître à tout,
> Que chez elle on se peut former quelque bon goût
> Et que l'esprit du monde y vaut, sans flatterie
> Tout le savoir obscur de la pédanterie. »
> (vers 1339 à 1346).

Voilà ce que préconise Molière en réaction contre la pédanterie et le snobisme et les diverses perversions intellectuelles qu'il dénonce – avec plus de vigueur que jamais – dans *Les Femmes savantes*. Et ce n'est rien d'autre que le rappel de la voie du bon sens et de l'intelligence. Ces conseils sont toujours valables pour notre époque et ont une valeur éternelle.

Sujets de dissertation

1. Quelles réflexions vous suggère le jugement suivant inspiré par *Les Femmes savantes*: «Des clartés de tout... Cela semblerait aujourd'hui bien insuffisant. Les conditions de vie ne sont plus les mêmes, les mœurs ont changé; les méthodes d'enseignement féminines ont changé avec elles. En conclurons-nous qu'il n'y ait rien à retenir du langage de Clitandre? Ce sera toujours celui du goût et du bon ton. Plus instruite, forcée par la dureté des temps de s'adapter à un rôle plus vital, souhaitons que la femme de chez nous reste femme et garde la pudeur de son savoir.»

(René Doumic, *Le Misanthrope de Molière*, éd. Mellottée)

2. Partagez-vous cette opinion du metteur en scène Jean Meyer qui affirme à propos du personnage d'Armande: «Il y a du tragique dans la cascade folle de ses réactions. Rien n'est plus simpliste de faire d'Armande une "femme savante". «Justifiez votre point de vue à l'aide d'exemples tirés de la pièce.

3. Les différentes conceptions de l'amour dans *Les Femmes savantes*.

4. La comédie des *Femmes savantes* (satire des mœurs de la société du XVIIe siècle) conserve-t-elle encore une part d'actualité au XXe siècle?

5. Comparez *Les Précieuses ridicules* (1659) et *Les Femmes savantes* (1672) du point de vue de la satire de la préciosité, du comique et de la composition dramatique. Faites clairement apparaître vos conclusions.

6. Les critiques s'accordent à dire que Molière s'est appliqué dans *Les Femmes savantes* à nous donner une peinture approfondie des caractères en allant jusqu'à effacer son point de vue personnel pour faire parler chacun des personnages selon son tempérament. Qu'en pensez-vous? Molière ne parvient-il pas cependant à nous communiquer ses conceptions personnelles? Précisez de quelle façon.

7. Molière voulut faire des *Femmes savantes* une «grande comédie achevée». Mais plusieurs critiques ont reproché à cette pièce son caractère «un peu trop savant» (Huyghens), son aspect «trop soigné et sans verve», son caractère «un peu froid» et manquant de spontanéité (G. Couton). Partagez-vous ces jugements?

8. Faites l'étude du «comique» (de ses différentes formes) dans *Les Femmes savantes*.

Sujets de commentaires composés

- L'idéal de vie d'Armande : vers 26 à 52.
- L'éducation des femmes selon Clitandre : vers 215 à 236.
- Le réquisitoire de Chrysale : vers 558 à 614.
- L'amour véritable selon Clitandre : vers 1213 à 1234.
- La condamnation des cuistres et des pédants : vers 1354 à 1382.

Bibliographie essentielle

Œuvres complètes

Georges Couton, *Molière, Œuvres complètes*, Paris, Gallimard, Bibliothèque de La Pléiade, 1971.

Molière, *Œuvres complètes*, Paris, Éditions du Seuil, collection « L'Intégrale ».

Jean Meyer, *Œuvres complètes de Molière*, Paris, Maurice Gonon, 1970. Avec une vie de l'auteur, un examen de chaque pièce, des études sur les personnages et des notes inédites.

Études sur Molière

Pierre Brisson, *Molière : sa vie dans ses œuvres*, Paris, Gallimard, 1942.

Émile Fabre, *Notre Molière*, Paris, Albin Michel, 1951.

René Bray, *Molière, homme de théâtre*, Paris, Mercure de France, 1954.

Madeleine Jurgens et Élisabeth Maxfield-Miller, *Cent Ans de recherches sur Molière, sur sa famille et sur les comédies de sa troupe*, Paris, Imprimerie nationale 1963.

René Jasinski, *Molière*, Paris, Hatier, Connaissance des Lettres, 1969.

Roger Ikor, *Molière double*, Paris, PUF, Littératures, 1977, LGF Poche n° 3227.

Pierre Gaxotte, *Molière*, Paris, Flammarion, 1977.

Francine Mallet, *Molière*, Paris, Grasset et Fasquelle, 1986.

Alfred Simon, *Molière, une vie*, Paris, La Manufacture, 1988.

Molière et son siècle

Louis Jouvet, *Molière et la comédie classique* (extraits de ses cours), Paris, Gallimard, 1965.

Sylvie Chevalley, *Molière et son temps*, Genève, Minkoff, 1973.

Robert Horville, *Molière et la comédie en France de 1610 à 1673*, Paris, Nathan, Collection « Intertextes », 1983.

La langue de Molière

Jean DUBOIS et R. LAGANE, *Dictionnaire de la langue française classique*, Paris, Belin, 1960.

Sur la préciosité

René BRAY, *La Préciosité et les Précieux de Thibault de Champagne à Jean Giraudoux*, Paris, Nizet, 1968.

Sur *Les Femmes savantes*

Gustave REYNIER, *Les Femmes savantes de Molière*, Paris, Mellottée, 1937 ; rééd. 1962.

Discrographie

MOLIÈRE, *Les Femmes savantes*, enregistrement intégral, deux disques 33 tours, collection « Vie du Théâtre », Encyclopédie sonore Hachette.

TABLE DES MATIÈRES

Aubin Imprimeur Ligugé-Poitiers
Achevé d'imprimer en août 1992
N° d'édition 10002672-I-OSB 80
N° d'impression L 41122
Dépôt légal août 1992
Imprimé en France